朱万章 著

嘉瓠楼书话

北京出版集团
北京出版社

图书在版编目（CIP）数据

嘉瓠楼书话 / 朱万章著. — 北京：北京出版社，2021.6
ISBN 978-7-200-16198-4

Ⅰ. ①嘉… Ⅱ. ①朱… Ⅲ. ①读书笔记—中国—现代 ②序跋—作品集—中国—当代 Ⅳ. ①G792 ②I267

中国版本图书馆CIP数据核字（2021）第010748号

策　　划：安　东　高立志
责任编辑：王忠波　孔伊南
责任印制：陈冬梅
装帧设计：白　雪
封面题字：孙　机

嘉瓠楼书话
JIAHU LOU SHUHUA

朱万章　著

出　　版	北京出版集团
	北京出版社
地　　址	北京北三环中路6号
邮　　编	100120
网　　址	www.bph.com.cn
总 发 行	北京出版集团
印　　刷	北京汇瑞嘉合文化发展有限公司
经　　销	新华书店
开　　本	880毫米×1230毫米　1/32
印　　张	9.25
字　　数	182千字
版　　次	2021年6月第1版
印　　次	2021年6月第1次印刷
书　　号	ISBN 978-7-200-16198-4
定　　价	88.00元

如有印装质量问题，由本社负责调换
质量监督电话　010-58572393

目 录

序··韦 力 1

卷一 读书札记

饶宗颐与国博的缘分····························· 3
学术守恒：薄松年印记··························· 7
杨新的"研学"与"眼学"························· 12
薛永年与《方壶楼序跋集》······················ 16
白谦慎与《云庐感旧集》························ 21
陈履生与红色主题美术研究······················ 26
黄宾虹研究的名山事业·························· 31
非主流名家与美术史研究························ 36
时代风景与五邑美术家·························· 41
《苏庚春中国画史记略》编后记·················· 46
民国北京书家剪影······························ 49
沈颖的齐鲁美术研究···························· 53
美术史论文与随笔的融洽························ 57
《晚清民国岭南美术论稿》序···················· 61
恒福观书画随想································ 63
融于自然的绘画································ 67

艺可以说…………………………………………… 71
《黎雄才作品珍赏集》序………………………… 73
《粤海艺丛》（第二辑）卷首语………………… 75
《粤海艺丛》（第三辑）卷首语………………… 78
《艺术史家的艺术》（第一回）序……………… 81
《艺术史家的艺术》（第二回）序……………… 83
"岭南名家画丛"总序……………………………… 85
《清风徐来：绛云草堂藏清代扇面集》序言…… 88
《江阳高致——泸州三百年名人翰墨集》序言… 91
吴盛源的山川气象………………………………… 94

卷二　自著序跋

《岭南金石书法论丛》后记……………………… 101
《六朋画事》后记………………………………… 104
《岭南书法》后记………………………………… 106
《粤画访古》后记………………………………… 108
《广东绘画》后记………………………………… 110
《书画的鉴藏与市场》后记……………………… 112
《岭南近代画史丛稿》后记……………………… 114
《明清广东画史研究》后记……………………… 117
《书画鉴考与美术史研究》后记………………… 120
《传统·革新·融合：东莞美术论稿》后记…… 122
《对花写照：居巢居廉画艺》后记……………… 124
《画林新语》后记………………………………… 126
《画里晴川》后记………………………………… 128

书画鉴定中的微观与博识 …………………………………… 131
《鉴画积微录》后记 ……………………………………… 134
《画余味象》后记 ………………………………………… 136
《画前月下》自序 ………………………………………… 138
《画前月下》后记 ………………………………………… 141
《梧轩艺谈录》后记 ……………………………………… 143
《明清书画谈丛》后记 …………………………………… 145
《尺素清芬：百年画苑书札丛考》自序 ………………… 148
《尺素清芬：百年画苑书札丛考》后记 ………………… 151
《尺素清芬：百年画苑书札丛考》重印后记 …………… 153
作品流传与美术史建构 …………………………………… 154
《鉴画积微录续编》自序 ………………………………… 157
《鉴画积微录续编》后记 ………………………………… 160
《画里相逢：百年艺事新见录》自序 …………………… 162
《画里相逢：百年艺事新见录》后记 …………………… 164
"好眼朱"与书画鉴定 …………………………………… 165
《此中有真意：葫芦在中国画中的嬗变》后记 ………… 169

卷三 梧轩题画录

1. 讲座归来 ………………………………………………… 175
2. 佳想雪犹晴 ……………………………………………… 175
3. 有笔有气 ………………………………………………… 176
4. 汝帖 ……………………………………………………… 176
5. 君爱岭南山 ……………………………………………… 177
6. 葫芦之最早者 …………………………………………… 177

7. 此中纨扇自无秋 ⋯⋯⋯⋯⋯⋯⋯⋯⋯⋯⋯⋯⋯⋯⋯ 178
8. 又见冬至 ⋯⋯⋯⋯⋯⋯⋯⋯⋯⋯⋯⋯⋯⋯⋯⋯⋯ 178
9. 全国美展 ⋯⋯⋯⋯⋯⋯⋯⋯⋯⋯⋯⋯⋯⋯⋯⋯⋯ 179
10. 君问奇书我访碑 ⋯⋯⋯⋯⋯⋯⋯⋯⋯⋯⋯⋯⋯⋯ 179
11. 多谢秋风得力 ⋯⋯⋯⋯⋯⋯⋯⋯⋯⋯⋯⋯⋯⋯⋯ 180
12. 可染山水 ⋯⋯⋯⋯⋯⋯⋯⋯⋯⋯⋯⋯⋯⋯⋯⋯⋯ 180
13. 不忘初心 ⋯⋯⋯⋯⋯⋯⋯⋯⋯⋯⋯⋯⋯⋯⋯⋯⋯ 181
14. 诗画相参 ⋯⋯⋯⋯⋯⋯⋯⋯⋯⋯⋯⋯⋯⋯⋯⋯⋯ 181
15. 造物皆粉本 ⋯⋯⋯⋯⋯⋯⋯⋯⋯⋯⋯⋯⋯⋯⋯⋯ 182
16. 为他眠不着 ⋯⋯⋯⋯⋯⋯⋯⋯⋯⋯⋯⋯⋯⋯⋯⋯ 182
17. 苦向前贤拜后尘 ⋯⋯⋯⋯⋯⋯⋯⋯⋯⋯⋯⋯⋯⋯ 183
18. 蜀画多奇逸之气 ⋯⋯⋯⋯⋯⋯⋯⋯⋯⋯⋯⋯⋯⋯ 183
19. 犁春居主人擅画 ⋯⋯⋯⋯⋯⋯⋯⋯⋯⋯⋯⋯⋯⋯ 184
20. 罗汉与葫 ⋯⋯⋯⋯⋯⋯⋯⋯⋯⋯⋯⋯⋯⋯⋯⋯⋯ 184
21. 葫与明清贸易瓷 ⋯⋯⋯⋯⋯⋯⋯⋯⋯⋯⋯⋯⋯⋯ 185
22. 再读佃介眉 ⋯⋯⋯⋯⋯⋯⋯⋯⋯⋯⋯⋯⋯⋯⋯⋯ 185
23. 梧轩之缘 ⋯⋯⋯⋯⋯⋯⋯⋯⋯⋯⋯⋯⋯⋯⋯⋯⋯ 186
24. 汝州论帖 ⋯⋯⋯⋯⋯⋯⋯⋯⋯⋯⋯⋯⋯⋯⋯⋯⋯ 187
25. 闲将故迹娱清兴 ⋯⋯⋯⋯⋯⋯⋯⋯⋯⋯⋯⋯⋯⋯ 187
26. 图成行乐 ⋯⋯⋯⋯⋯⋯⋯⋯⋯⋯⋯⋯⋯⋯⋯⋯⋯ 188
27. 吾自洗吾心 ⋯⋯⋯⋯⋯⋯⋯⋯⋯⋯⋯⋯⋯⋯⋯⋯ 189
28. 鉴古多精识 ⋯⋯⋯⋯⋯⋯⋯⋯⋯⋯⋯⋯⋯⋯⋯⋯ 189
29. 葫与水仙 ⋯⋯⋯⋯⋯⋯⋯⋯⋯⋯⋯⋯⋯⋯⋯⋯⋯ 190
30. 春到人间草木知 ⋯⋯⋯⋯⋯⋯⋯⋯⋯⋯⋯⋯⋯⋯ 190
31. 出门一笑大江横 ⋯⋯⋯⋯⋯⋯⋯⋯⋯⋯⋯⋯⋯⋯ 191

32. 金石缘 …… 192

33. 钓虾 …… 192

34. 又见壮暮翁 …… 193

35. 带间笑指葫芦 …… 193

36. 葫与貘 …… 194

37. 青门路上千条绿 …… 195

38. 太似古人则无我 …… 195

39. 不古不今之画 …… 196

40. 读书日课 …… 196

41. 又见启元白 …… 196

42. 烟花三月下南京 …… 197

43. 荔枝成熟时 …… 197

44. 宾虹如何想 …… 198

45. 胡须大件事 …… 198

46. 书香犹存 …… 198

47. 海昌故郡 …… 199

48. 偶遇枇杷 …… 199

49. 奇逸孟丽堂 …… 200

50. 世间无事无三昧 …… 200

51. 黄慎画葫 …… 200

52. 粤燕两居人 …… 201

53. 幸有我来山未孤 …… 201

54. 文人画之聒噪 …… 202

55. 瓦当之都 …… 202

56. 瓦当与中国梦 …… 203

57. 情意之间 …………………………………… 203

58. 又见曾熙 …………………………………… 203

59. 季羡林日记 ………………………………… 204

60. 洋葫芦 ……………………………………… 204

61. 与古为徒 …………………………………… 204

62. 安大略湖 …………………………………… 205

63. 瀑布与名画 ………………………………… 205

64. 一壶春色 …………………………………… 206

65. 笔头墨尽意不尽 …………………………… 206

66. 初秋时节又逢君 …………………………… 207

67. 学术不端 …………………………………… 207

68. 写意精神 …………………………………… 208

69. 月到中秋偏皎洁 …………………………… 208

70. 书香如故 …………………………………… 209

71. 如见故人 …………………………………… 209

72. 学术一端 …………………………………… 210

73. 拗叔不高兴 ………………………………… 210

74. 仇英亦画葫 ………………………………… 210

75. 明月清风 …………………………………… 211

76. 书卷气 ……………………………………… 211

77. 金吉金 ……………………………………… 212

78. 麻姑与鹿 …………………………………… 212

79. 开岁清供 …………………………………… 212

80. 大千怪论 …………………………………… 213

81. 著书翻恨古人多 …………………………… 213

82. 桥南桥北桃花 ………………………………… 213
83. 读书与为文 …………………………………… 214

卷四　梧轩书籍题记

《鲁迅杂文书信选》题记………………………… 217
《湖上闲思录》题记……………………………… 218
《野芳集》题记…………………………………… 218
《东坡志林·仇池笔记》题记…………………… 219
《常砺集》题记…………………………………… 220
《中外著名中篇小说选1》题记 ………………… 221
《门》题记………………………………………… 224
《情僧长恨：苏曼殊》题记……………………… 224
《清晖集》题记…………………………………… 226
《查拉图斯特拉如是说》题记…………………… 226
《这一代的事》题记……………………………… 227
《负暄三话》题记………………………………… 228
《伸脚录》题记…………………………………… 229
《书廊信步》题记………………………………… 229
《风格与世变：中国绘画史论集》题记………… 230
《苍洱之间》题记………………………………… 230
《叶德辉书话》题记……………………………… 231
《梁启超书话》题记……………………………… 231
《两启轩笔麈》题记……………………………… 232
《岭南金石书法论丛》题记……………………… 233
《夏志清的人文世界》题记……………………… 233

《万青力美术文集》题记……………………………… 234
《天然禅墨》题记……………………………………… 235
《中国画论研究·雅俗论》题记……………………… 235
《皓首学术随笔·季羡林卷》题记…………………… 236
《季门立雪》题记……………………………………… 236
《乡心无限》题记……………………………………… 237
《碧琅玕馆诗钞》题记………………………………… 237
《老蠹鱼读书随笔》题记……………………………… 238
《王季迁读画笔记》题记……………………………… 238
《移动的桃花源:东亚世界中的山水画》题记……… 239
《萧山朱氏藏砚选》题记……………………………… 240
《八方序跋》题记……………………………………… 241
《故人书简》题记……………………………………… 241
《那一张旧书单》题记………………………………… 242
《自画像》题记………………………………………… 243
《感时忧国》题记……………………………………… 243
《六丑笔记》题记……………………………………… 243
《北京往日抄》题记…………………………………… 244
《琉璃厂杂记》题记…………………………………… 244
《用庐忆旧》题记……………………………………… 245
《字里书外》题记……………………………………… 246
《近世艺林掌故》题记………………………………… 246
《风雅之好:明代嘉万年间的书画消费》题记……… 247
《历代草书歌诀汇编》题记…………………………… 248
《石涛诗文集》题记…………………………………… 249

《石涛研究》题记 ············· 250
《传世石涛款作品真伪考》题记 ········ 250
《心自闲室文录：序跋合编》题记 ······· 251
《古今同观》题记 ············· 251
《艺林烟云》题记 ············· 252
《任伯年年谱》题记 ············ 252
《坊间艺影》题记 ············· 253
《书贩笑忘录》题记 ············ 253
《唐云传》题记 ·············· 254
《先生归来：新文人画传》题记 ······· 254
《黄裳致李辉信札》题记 ·········· 255
《方壶楼序跋》题记 ············ 256
《江洲艺话》题记 ············· 256
《多少往事堪重数》题记 ·········· 257
《我的老虎尾巴书房》题记 ········· 257
《高尚的快乐》题记 ············ 258
《容庚北平日记》题记 ··········· 258
《谁共我醉明月》题记 ··········· 259
《尺素清芬：百年画苑书札丛考》题记 ··· 259
《榆下夕拾》题记 ············· 260
《年方六千：文物的故事》题记 ······· 260
《榆下说书》题记 ············· 261
《文本与阐释》题记 ············ 262
《著砚楼清人书札题记笺释》题记 ····· 262
《画家物语》题记 ············· 263

《山谷鸣应：中国山水画和观众的历史》题记………… 264
《春明谈往》题记……………………………………… 264
《爱书来：扬之水存谷林信札》题记………………… 265
《近代印坛点将录》题记……………………………… 265
《我从来不感到孤独》题记…………………………… 266
《徐邦达讲书画鉴定》题记…………………………… 266
《简又文回忆录》题记………………………………… 266
《简又文谈艺录》题记………………………………… 267
《古有意》题记………………………………………… 268
《蓬莱松风：黄易与乾嘉金石学》题记……………… 268
《迤逦集》题记………………………………………… 269
《画外乾坤：明清以来书画鉴藏琐记》题记………… 270
《汪世清辑录明清珍稀艺术史料汇编》题记………… 270
《西樵小札》题记……………………………………… 271

附录：朱万章论著目录………………………………… 273
后记……………………………………………………… 276

序

韦 力

　　大约从晚清开始，书画家的别集就受到藏书家追捧，一直到今天仍然如此。除了个别品种外，绝大多数书画家的集子都高于同时代相类之本。就这个问题，我曾经向杨成凯先生请教过，他认为有三个原因：一是这类集子本来流传就不多，物以稀为贵；二者因为书画作品的影响力，使得画家之名广为人知；三者此类书大多都刊刻得颇为漂亮，而漂亮的东西总是受人喜爱，何况书中俊物。

　　流传稀见与版刻之美，二难并于一者，可以金农所刻《冬心先生集》为例。此书的字体迥异他本，以往有种说法是金农手书，后知并非如此，但不影响人们对该书的追捧。当年冬心先生曾用宋纸刷印该书，三十年来，我仅见过一部宋纸刷印之本，惜被大力者夺去，转售日人，每念及此，为之叹惜再三。那部书无论刊版还是用纸，的确是清人别集中的白眉，如果市面上再出现一部，尽管是戋戋小册，估计价值逾百万不办。

　　以我的私见，书画家别集受到追捧还有一个原因，那就是内容隽永，文字形象，绝无佶屈聱牙之感。而我有幸提前拜读朱万章先生的这部专著,正是这种感受。

我与朱先生未曾谋面,但拜读过他多部大作,知其能书善画,且在书画理论方面颇有建树。我在写《觅画记》时,搜索文献,多次读到朱先生的论文,了解到他以往的研究重点是岭南画派,后来推广到多个画域,其所作之文均属言之有物,而他本人又是画家,如此说来,他的这部《嘉瓠楼书话》正是书画家别集。

朱先生的这部文集分为四卷,第一卷乃是读书札记,这部分的主体是朱先生为他人著述所写的序言,当然这些书主要是与画史有关。第二卷的主体是朱先生为其自著书所写的后记,比如有《岭南金石书法论丛》《六朋画事》《岭南书法》《广东绘画》等书的后记,由此可窥得他早年的研究重点,而这些后记也是他对某个画派,或某个画家研究成果的总结。卷三则为题画录,就本书而言,这部分最具可读性,每则题目都很抓人眼球,比如《吾自洗吾心》《君问奇书我访碑》。卷四则为书籍题记,实乃书跋,就内容而言,这部分最对我的胃口。读其文字,感觉这些书跋乃是转录自朱先生的自藏之本,因为所见文稿未附图片,我不清楚朱先生是将这些文字写在了书的前扉页上,还是书的卷尾。但是,这让我想到了孙犁的《书衣文录》,孙先生是写在包好的书皮上,不知朱先生是否有类似的习惯,不过,他所写之文跟《书衣文录》同样的隽永。

朱先生的每则书跋几乎都谈到了得书时间与地点,有时还会标出购书价格,重点写到读书感悟,同时录出他在书上的自钤印。将书跋转录成书稿时,文末会标出原书的作者、出版社、版别、版次，其文体结构颇得黄跋（黄裳先生之书跋）之髓。

黄裳先生藏书有多个专题，清人别集乃是他藏书的重点之一。三十年前，他在齐鲁书社出版了《清代版刻一隅》，该书的出版使得价格一向不高的清刻本大幅提升，而后他又出版了一系列书话集，比如《来燕榭读书记》等等，这些书成了许多爱书人的购书指南，有些人在写书话时，就会谈到所得的哪部书曾被黄裳先生提到过。我从本书中感受到，朱先生也喜好黄裳的作品，文章中谈到多部黄裳的著作，比如《故人书简》《黄裳致李辉信札》《榆下说书》《榆下夕拾》等，想来朱先生也有藏书之好，否则他不会关注书话类之书，比如《叶德辉书话》，如果不是同道者，恐怕少有人会读这样的书。

朱先生在此则书话中认为，叶德辉书话乃是"藏书家经验之谈"，虽然如此，但他还是会将此与其专业相比，故其认为叶德辉的书跋"一如书画之鉴与藏"，他还关注叶德辉在书跋中谈到的法书与名画，这真可谓心有所好，笔墨及之。所以他认为叶氏"藏书实与藏书画同乐矣"。

与书画相较，朱先生的题画录文笔更为灵动，每则题画录均为先录前人画作中的所题诗文，而后对此发挥之，每则题目都是朱先生对某个问题的总结，可称之为"画题之眼"。同样因为未能看到配图，不清楚这些画录是朱先生书写在画作的拖尾上，抑或只是他记在笔记本上的文字。但我从中体悟到他对一些问题的看法，例如《有笔有气》一则，他先是摘录了清人蒋骥在《读画纪闻》中所言,然后称:"深夜诵之,颇合吾意。"可见他是以前人之语,浇自家胸中块垒。然其在文尾写道"久未捉笔,研墨试纸"云云,可见他确实用墨笔书之,只是未注明书于何处。

朱先生的画录题材丰富,比如有一则名为《全国美展》,显然不会有同名的这样一张画,他在此文中引用了苏轼所言"论画讲形似,见与儿童邻",而后提到第十二届全国美展时,有些国画作品装饰性与工整性充斥其间,这与中国画精神渐行渐远,同时他代东坡居士感慨之,虽然古人说过笔墨当随时代,但徒具其形而忽略精神内核,其笔墨也无意义。可见朱先生乃性情中人,其在画录中流露出的叹世忧时,正是人文精神所在。

朱先生虽然以画论当行,然从其文中,我仍能感受到他的书之爱,比如《读书日课》一篇,专谈书生搬家,飞鸿雪泥,人所难免,歇后语曰"孔夫子搬家——尽书(输)"。书之累,局外人难以体会,但人生在世,总要能苦中作乐,虽然分类入箱,再分拣上架,劳动量之大超乎想象,但是在上架之时,无意间翻得一本未见之书,有如他乡遇故知,外行人又怎能体会到这其中之妙呢。

通过阅读此书,让我了解到朱先生对一些问题的看法,他将自己的直言形诸笔端,这些文字也最能打动我。而他对于一些画史的梳理,虽然是只言片语,却魁星点斗,直达要害。想来每个人读到这本书,都会有不同的感受,我只是拉杂地聊几句自己的体悟罢了。

庚子冬日书于芷兰斋

卷一 读书札记

饶宗颐与国博的缘分

因为特殊的因缘，2011年我还供职广东的时候，参与策划了"岭南风韵：饶宗颐书画艺术展"。当时与饶宗颐（1917—2018）近距离接触，多所请益。2013年我因工作需要调入国博，于2015年又经历了饶宗颐在国博举办的"学艺融通：饶宗颐教授百岁艺术大展"。此次展览，由美术史学者、时任中国国家博物馆副馆长的陈履生策划。饶宗颐以期颐之年亲临其盛，引起京城学术界的轰动。展览结束后，饶宗颐将十件精品力作捐赠给中国国家博物馆收藏。为配合展览，由我参与其事的国博讲堂邀请了饶宗颐故交及学术界耆宿举行了一次别开生面的学术研讨会，由陈履生担当学术主持，与会者有美国普林斯顿大学东亚图书馆馆长马泰来，山东大学教授谭世宝，香港中文大学艺术系讲座教授屈志仁，香港大学中文系教授黄兆汉、中央美术学院教授尹吉男，美国加州大学洛杉矶分校亚洲语言文化系副教授周鸿翔，香港大学饶宗颐学术馆副馆长郑炜明，中国美术馆研究员、中国美协理论委员会副主任梁江及笔者等。中央美术学院教授薛永年因临时有事未能赴会，特地提交了书面发言，并由主持人宣读。专家学者们分别就饶宗颐学术成就、治学经历、书画艺术、交游等多方面展开深入而热烈的探讨。在会议进行之中，饶宗颐在随行人员的协助下，坐着轮椅莅临会场，引发热烈的反响。在持久的掌声间隙，饶宗颐应主持人邀请，发表了简短的演讲，会后根据录音整理为："今天很难得有机会同各位见面，自己什么都不懂，为国家做一点事情，得到各位的留意，只有感谢国家对我的爱护。能跟几十年之前的老学生见面，黄兆汉他一辈子都在外国，研究海上的中国，今天再见面，我觉得很难得。感谢各位有机会在这里跟我见面，我还要竭诚为国家努力。"虽然只是短短的几句，且因年事已高，吐词并不清晰，但会场观众所掀起的热浪却经久不息。饶宗颐后来与参会的专家学者留影后，观众们依依不舍与其挥手告别。这是饶宗颐最后一次出现在国博，也是我最后一次聆听其讲话，现在回想起来，仍言犹在耳。

其实，饶宗颐和国博的缘分远不止于此。最早在1980年秋天，时年六十四岁的饶宗颐应时任文物出版社社长王仿子的邀请，与中山大学教授曾宪通等人一道赴成都出席第三届古文字学术年会后，到兰州、敦煌、西安、洛阳、郑州、开封、安阳、武昌、荆州、奉节、北京、承德、济南、泰安、曲阜、南京、扬州、镇江、无锡、常熟、苏州、上海、杭州、衡山、广州等地进行为期三个多月的学术考察。在北京期间，他曾和曾宪通赴中国历史博物馆（国博的前身）。曾宪通在《选堂访古随行纪实》中记录了饶宗颐是年11月5日的此次初访："下午到中国历史博物馆参观。博物馆筹建于1959年，当年从全国各地抽调最好的文物参展，按郭沫若中国通史的社会发展框架，分馆展出。每个馆的展品都十分丰富，一般的浏览也需要好几天，何况饶先生几乎对每件文物都有浓厚的兴趣，所以看得很慢，花了一个下午，连'奴隶社会'部分都没有看完，只好另找时间再来了。"这次参观之后，到11月7日，他们观摩了北海的三希堂法帖，"两人只好又回到中国历史博物馆来了。这次是补课性质，主要针对重点器物，走马看花，做了详细的记录。至3时30分，先生仍舍不得离去，又上楼看了其他的展品，直到管理人员下逐客令，才不得不下楼离开"。这是目前所见饶宗颐与国博结缘的最早文字记载。

时隔二十一年后，饶宗颐再次与国博结缘。这次是

2007年5月2日，本文作者朱万章（左）在香港中文大学做访问学者期间，赴饶宗颐学术馆就元人菩提叶经文问题请教饶宗颐

2001年10月，中国历史博物馆为饶宗颐举办"古韵今情：饶宗颐书画展"。该展也是自中国历史博物馆建馆以来，首次为健在的书画家举办个展。为此，饶宗颐专门为这个展览撰写了《〈历史博物馆展览〉小引》的短文，在文中提及其绘画为学者画，并谓其"以治学之方治画，于画派则究源通变，于书法则穷高极深，以植基深厚为先务，而后转益多师"，此文虽仅寥寥数百言，却是其学艺融通的宣言与主旨，在其艺术历程中影响甚巨。在本次展览结束后，饶宗颐向博物馆捐赠了七米巨幅的墨荷，该作品又于十四年之后在国博第二次举办的展览中登场，延续了饶宗颐与国博的翰墨因缘。

如今，饶宗颐已于去岁归道山，我们再无机缘亲承謦欬。但因缘际会的是，作为国博一员，我参与了饶宗颐新著《梨俱室书画论稿》的策划、整理、编辑、校对等工作。该书乃饶宗颐论述学术与艺术融合的小品文字，广涉书法、碑帖、书论、古文字、诗词、绘画、画论等，其书画家则论及张彦远、黄公望、方厓、沈周、董其昌、方以智、渐江、张大风、八大山人等，文短而义长，言简而意赅，均能发人之所未发。捧读之下，获益良多。饶宗颐与国博的缘分，通过其学术论著得以赓续，其艺术与学术精神，于后学如吾辈者，不啻为度人金针。

2019年4月25日于梧轩

（原载《粤海风》2019年第1期总第127期）

学术守恒：薄松年印记

最早知道薄松年（1932—2019）的名字，是在上世纪九十年代初刚进入美术史研究领域时。当时，阅读《中国年画史》，还有《中国美术通史》，看到了作者"薄松年"的名字。后来，在九十年代后期，广州一批学者在纪念美术史论家、广州美术学院教授陈少丰（1923—1997）时，都英雄所见略同地谈到了陈少丰与薄松年合作编著《中国美术史教程》的艰辛与严谨。于是，"薄松年"这个名字便深刻地印入脑际，挥之不去。

很荣幸的是，在随后参与的多项学术活动中，我有缘识荆，并向其请益。记得从2005年开始，澳门艺术博物馆便汇聚故宫博物院、上海博物馆、南京博物院、浙江省博物馆等国内重要馆藏书画精品，每年举行一次专题展览，并邀集海内外从事美术史研究的专家学者，少长咸集，坐而论道，成为中国美术史研究与交流的一个品牌活动，极一时之盛。这个学术活动持续了近十年时间，是洞悉中国美术史学术前沿的重要窗口，在学术界产生广泛影响。我从2006年参与"乾坤清气：青藤白阳书画学术研讨会"开始，便连续与会。正是这样的机缘，得以与薄松年先生相识、相交,并在随后的十余年断断续续的往来中,亲承教泽,获益匪浅。

第一次与薄松年相见、聆听教诲是在2007年澳门举办的"与古为徒:吴昌硕书画篆刻学术研讨会"上。其时他七十六岁,但看上去却像六十出头的样子,思维敏捷,走起路来风风火火。对于每一个演讲者,无论是大名鼎鼎的学者,还是初出茅庐的青年学子,他都会认真倾听,仔细做笔记。在互动环节,他也总会举手提问,对演讲中发现的问题提出质疑或补充。当时印象最深的是,他在发问时,总会特别顾及对方的感受。即便演讲者暴露的是显而易见的学术硬伤,他也会很委婉地从侧面指出,循循善诱,而不至于使人难堪,下不了台,对于后学晚辈,尤其如此,足见其宅心仁厚。在这一次的研讨会中,记得他演讲的主题是《梅花精神——论缶翁写梅》,本来是一个并不新颖的话题,在薄松年的视角中,却妙趣横生,观点独特,给人以启迪。他指出吴昌硕画画便是从画梅开始,是来自生活的感受和对春满人间的期盼。他梳理了吴昌硕不同时期的画梅作品,解读其师承及特色,并指出将油灯与梅花合绘是其首创。看得出来,他的研究是建立在大量作品爬梳之上的归纳与总结,是海量图像与文献的双重证据相结合。因此,他所得出的结论自然也是可信度最高的。对于这一点,恰恰是很多学院派的学者容易忽略的。

随后在澳门举办的研讨会中,至少有五六次会议是我们同时参与的。我先后听他讲《渐江笔下的黄山》,阐述《金陵画家中的胡氏家族和胡玉昆〈山水〉册》和《王时敏〈山水〉册赏鉴》，还听他细说《胸怀忠义，腕底传神——试论陈洪绶〈水浒〉〈博古〉叶子版画》和《恽南田题跋中有关王翚的资讯》，更听其宣读《明代宫廷肖像画中的历史记忆》。这些演讲，既有高屋建瓴的宏观阐释，也有细致入微的个案探究。他所作的PPT课件，生动活泼，图文并茂，在演讲时深入浅出，掌控的时间也恰到好处，这或许得益于他多年供职中央美术学院教席的经验。我经常读薄松年先生的文章，在听了他多场的研讨会演讲后发现，要了解其治学精髓，只读其文是远远不够的，或者说是并不完美的。他的很多精妙言论，以及条分缕析的治学路径，只有在他的娓娓道来的演讲中能切身感受到。

在澳门研讨会，还有一个小插曲，一直以来成为学界美谈。2011年，在"山水正宗：王时敏、王原祁及娄东画派绘画学术研讨会"期间，午餐后，专家学者在工作人员的引领下从博物馆广场一层扶梯上行至会议厅。在扶梯口，薄松年和比他小五岁的傅申突然从步行梯疯跑上楼，并在口里念叨说看谁跑得快。我和工作人员吃了一惊，在后面穷追不舍，唯恐两位老人家摔倒。两位学者是整个会场中年纪最长者，薄松年其时八十周岁，已至耄耋之年，他在石阶上却健步如飞，像个顽童。他俩跑到台阶尽头时欢快地看着追得气喘吁吁且惊慌失措的工作人员，露出得意的微笑。很多学者举出相机，留下了这一珍贵瞬间。我则率先追到台阶最上面，有热心的朋友为我们三人留下了珍贵的合影。看着两位年逾古稀却又步履矫健的学者，作为晚辈的我们才体会到老骥伏枥、壮心不已的真正内涵。

2011年9月9日，本文作者朱万章（左）与薄松年（右）在澳门艺术博物馆留影

在研讨会间歇，主办方安排参观大三巴、妈祖庙和其他胜迹，薄松年总是端着一个黑色的老式相机，拿着笔记本，像个渴求新知的大学生一样，不停拍摄照片，记录讲解内容，保持着一份和其年龄不相称的旺盛的求知欲。在博物馆一同参观展览时也是如此。这种孜孜矻矻，不辞劳作搜集素材的精神，往往使后生如吾辈者汗颜。

澳门研讨会之外，我们还在北京、广州、上海等地的研讨会中有过交集。2015年，由广东省博物馆主办的"传承与变革：宋元以来绘画学术研讨会"在广州举行。其时考虑到薄松年已八十四岁高龄，出于安全原因，主办方经慎重考量后并未直接邀请他赴会，而是打算邀约他赐文，会后邮寄文集给他。不承想薄松年先生对研讨会及同主题的展览非常有兴趣,执意亲临会场。主办方很是感动,立即向他发出正式邀请。他不顾年迈,长途跋涉,在会上宣读了《古代美术中的罗汉形象》,还主持了其中一场研讨会,引发与会代表的热烈反响。

事实上,会议主办方的担心是多余的。在其后的数年间,我还和薄松年先生一起参加过多次研讨会,甚至直到其归道山的前一年,还能看到他全神贯注开会、专心致志演讲的身影。很显然,在薄松年先生那里,年龄是被忽略的,衰老疾病似乎都和他不沾边。在他的人生信念里,永恒不变的是对学术的守望与执念,至老弥笃。

2020年4月1日于京城之西坝河左岸

(原载《美术报》2020年4月4日第10版)

杨新的"研学"与"眼学"

依稀记得在1998年秋冬之时,我和杨新(1940—2020)先生一起在澳门参加"第三届中国书法史论国际学术研讨会"。按照议程,会议结束时途经广州观摩广东省博物馆的"岭南书家与明清法书"展览。在参观间隙,杨新先生即席为与会代表挥毫留念,我很荣幸获得其书写的行书赠语。但略感遗憾的是,因是临时起意,杨新先生并未随身携带印章,故这张无印的条幅一直记挂在心上。说来也真是凑巧,春节前在整理书架时,赫然发现了这张二十多年前的墨宝,亦正好在单位食堂与杨新女公子邂逅,遂谈起此事,希望有机会请杨新先生补钤印鉴,也算是了却一桩心愿。杨新女公子一口应承,第二周便拿回盖好印的作品,并谈起杨新先生近来卧床在家,但精神状态尚佳,而且还能记起我,也顺带向我问好云云。我欣喜地拿到书印合璧的条幅,再三嘱咐女公子代我向杨新先生致谢和问候,待春节后择日登门拜会请安。

世事难料,人世无常,庚子春节,时疫肆虐,只能蜗居在家。1月31日浏览微信时,突然看到薛永年老师在朋友圈中发的《悼杨新学兄》旧体诗,遂急忙与杨新女公子联系,证实杨新确实于是日清晨在梦中仙去,实在令人震惊。想到刚刚盖上其印的手泽,算是冥冥中与杨新的最后一次交集,不禁令人喟然久之。

现在回想起来,最早认识杨新,应该是在1994年冬季。其时由国家文物局组织策划的全国书画鉴定高级研讨会暨中国书画真赝对比展在故宫举行,我作为第三批学员参与盛事。杨新作为主办单位的领导,忙得不可开交。他既要统筹安排学员的课程,还要陪同接待来授课的启功、徐邦达、刘九庵等德高望重的书画鉴定家,他本人也要给我们上书画鉴定的课。当时他刚刚出版了《杨新美术论文集》,记得在课余时间,他还抽空和我们一起闲谈,认真解答遇到的各类书画鉴定方面的疑问,并和我们一起分享新书的研究心得。他严谨笃实的学风以及谦和的为人给我们留下深刻的印象。这次研讨班后,我们还先后在北京、上海、沈阳、西安的学术研讨会上有过交流沟通,也聆听过他的讲座,也一起在广东的博物馆观赏和鉴定过书画。这种若即若离、亦师亦友的交游一直持续了二十余年。近年来听说他身体状况不是很好,大家的交流也少了,但我一直持续关注着他的动态。他每有新书问世,我必找来先睹为快。

在我的案头上,放着杨新的《项圣谟》《程正揆》《杨新美术论文集》《五代贯休罗汉图》《胤禛美人图揭秘》《杨新诗书画集》《中国古代书画鉴定二十五讲》等诸多美术史研究与书画鉴定的论著。他的学术涉猎范围较广,上迄唐宋五代,下至晚清民国,对明清书画用力尤深。既有对如《出师颂》《女史箴图》《溪岸图》《研山铭》《听琴图》《清明上河图》《文潞公耆英会图》《明皇幸蜀图》和贯休《罗汉图》、郭熙《溪山行旅图》、倪瓒《乐圃林居图》、孟玉涧《黄鸟图》、陈洪绶《右军笼鹅图》等名作的考订、辨识，也有对黄姬水、袁尚统、项圣谟、诸升、程正揆、弘仁、朱耷、石溪、任熊等书画家艺术行迹与风格生成的探讨，更有从艺术市场、时代风格、文化背景等方面对书画鉴定的宏观阐释。

人们习惯上称书画鉴定之学为"眼学"，称鉴定书画为"掌眼"，能精鉴书画者，被称为"法眼"或"巨眼"。老一辈书画鉴定家如张珩、吴湖帆、韩慎先、启功、谢稚柳、徐邦达、王季迁、刘九庵、苏庚春、杨仁恺等有着丰富的实战经验，精鉴书画无数，他们都堪称眼学之典范。但因时代所限，他们都是从古玩店铺或家学起步，寓目书画不可胜计，在书画鉴藏的实践中游刃有余，但几乎都没有学院训练的经历。杨新作为徐邦达等人的弟子，展现出和师辈不一样的学术历程。他毕业于广州美术学院附中和中央美术学院美术史论系，受过系统的专业训练，还能书擅画，又长期供职于博物馆，有机会接触书画原迹，而且跟随师辈鉴定书画，耳濡目染，浸淫尤深。他算是新时期成长起来的第一批受过专业训练的书画鉴定家。他所生活的时代，相比较老一辈鉴定家而言，大量的文献资料和书画图像出版，拍卖行业的繁荣使得无数的民间藏品浮出水面，资讯高度发达，能获得和先贤不一样的书画鉴定机缘。因此，他能集"研学"与"眼学"之长，也能集合学院派和博物馆学派的优势，在前人基础上，将美术史研究与书画鉴定学融为一体。如果说启功、徐邦达等前贤梳理和解决了很多书画真伪问题的话，杨新和他的同辈们则厘清了美术史上的诸多疑难问题，并对前贤们所遗漏的问题作了进一步的完善与补证，如他对诸升、袁尚统的生年和石溪的卒年考订，对黄姬水的印章伪作的探究，对陈洪绶《右军笼鹅图》四胞胎案的剖析等，这些都是发前人之所未发。虽然看似小问题，实则事关重大，正本清源，为美术史研究的培根与夯实，厥功至伟。

无论是"研学"，还是"眼学"，杨新的研究都是建立在图像和文献研究二重证据上的。他的研究，是在微观探索上的实证，是经验与学识的交融。这既是对前辈治学的承传与高扬，亦乃后学如吾辈者之津梁，其承前启后之功，自不待言。今闻其仙逝，不仅是书画鉴定界和美术史界的一大损失，更使我失去了一位良师益友，其痛惜之情，未克尽述，仅以此文聊表缅怀之意。

2020年2月16日于柳南小舍

（原载《中国文物报》2020年2月18日第5版）

薛永年与《方壶楼序跋集》

近几年来，为不少同辈好友或学生写过各种序，有文集，也有画册。但为德高望重的师长论著奉序，且为序跋集作序，这在平生，确乎还是第一次。自从奉命以来，大约已有半年有余，忐忑惶恐之心，每每出现于捉笔之时。因而数次动笔，又数次搁笔，反复再四，眼看书稿已过了三审三校，就差临门一脚，责任编辑已催促多次，薛老师道行深，不便抱怨，只是偶尔问问书何时付之剞劂，而我却越发寝食不安了。究其原因，还是在于自己才学浅薄，而薛老师是学富五车的长者，一言九鼎，名满天下，我实在难掩怯场之感。

好在薛老师不断勉励我，说我是这本书的第一个读者，只需要谈谈自己的读后感就行。这样想来，写这篇序一下就轻松了很多。从本书的选题、选稿到书的设计、校对、付梓，我的确和薛老师一起见证了此书从孕育到问世的全部过程。如今，打印的样稿已在我身边多时，每一篇几乎都烂熟于心，感想倒是很多，真正写起来，反而有一种文思泉涌却又无从落笔之感。书中的亮点不少，想说的话不胜枚举，唯恐挂一漏万，又恐太过庞杂，反而减弱了对薛老师治学、为文、为人的深刻认知。思忖之下，想来不妨就其中一两点印记最深者，拈出来与读者诸君分享，小中见大，见微知著，或可就此略窥薛老师治学之全貌。

薛老师是美术史学界承前启后的一代大家，他继承了二十世纪初期以来兴起于中国的美术史学传统。在二十世纪三十年代，有学者在谈及中国社会科学研究时，认为其时社会学、民族学、史学、民俗学、人类学等多个学科尚处于幼稚、萌芽时代，还谈不上科学研究，而美术史学研究，甚至还不在论列的范畴。数十年后，在前人若俞剑华、滕固、王伯敏、王逊、金维诺等诸多名家的培育下，中国美术史学发展到今天，已灿然详备，从根本上改变了没有学术传统的现状。到薛老师这一代时，无论从宏观研究，还是个案考察；无论从理论建构，还是问题解析，都比以往取得了长足发展。薛老师所倡导的基于文献、图像为根柢的美术史研究，泽被后学，引领来者。虽然如此，薛老师也清醒地认识到，在看似繁荣的当下美术史研究潮流中，也不乏林林总总的问题，这在他的诸多序跋中，常常会流露出来，显示出一个学者的使命与担当。比如，他提出当下美术史学界存在四大问题："着眼于宏观的多而潜心于微观的少"，"重阐释而不太重视史料"，"重文化而轻赏鉴"，"重大名家而轻一般美术家"。再比如，他指出晚近绘画史研究的弊端："套用社会学、历史学和文化史学的既有结论，加以演绎，把一些似可说明这些结论的美术史料纳入先验的模式之中，缺乏实事求是的工作，不善于从具体史实抽引结论。"这些问题意识，就出现在千字文式的序跋中，可谓微言大义，发人深省。

作为画坛祭酒，南来北往求序求跋者，往往踵接于门，薛老师自然日无暇晷，酬应为劳。于是，便有好心人劝薛老师云，可让求序求跋者代拟初稿，或指定某某学生代笔，然后再由您润色，便立成一篇急就章矣，并言某某名家或某某学者皆如此，不足为奇，不然则穷于应对也。薛老师正色道，我无意訾议某名家，但在我，不轻易应承作序，一旦应允，必有感而发，有话可说也。他每作一序，必浏览书稿，不苟作，不轻言，有的放矢，切中肯綮。数年前我不揣谫陋，有梓行《书画鉴考与美术史研究》之举，千里修书求序，薛老师固辞不获，在极短时间阅读了书稿，谬承嘉许，认为此书的两大特点，一为"力

2019年1月29日，本文作者朱万章（右）与薛永年在方壶楼

图开拓书画鉴定与鉴藏研究的新生面",一为"无论研究大家还是名家,书画家群体还是书画家族,都能够从作品出发,善于把作品的研究、作者的研究和问题的思考结合起来",并指出"研究潜力的发挥还可以更有计划性,还可以建立在更加认真推敲选题的基础上"。我知道这是对后学如我辈者的嘉勉与期许。这样的奖掖后进,贯穿于其他序跋中,成为本书的特色之一。

自古迄今,为人作序跋者,因却之不恭,应之无语,为酬答人情起见,故不乏不痛不痒之作,但在薛老师序跋中,均未见此类文章。他所写学术论著序跋,常常梳理其学术嬗变历程,或对作者的治学路径、学术成果予以臧否,如为《王石谷绘画风格与真伪鉴定》一书所作序中,就对王石谷的摹古风格作了评述,并肯定其作者"立足于风格把握与真伪辨析的结合","从鉴赏与创作、仿古与作伪、收藏与流通的联系中推动了鉴定学的研究";再如《张丑书画收藏与著录研究》之序中,对历朝书画鉴藏与著录的演进有提纲挈领的评介,于作者对此专题研究的来龙去脉也作了论析,使人有就此课题深读下去的冲动。即便对当下书画家画集的序跋,也莫不如此。他在解读书画家作品风格与特点时,习惯借助其作品阐释其画学、书论观点,故若要研究薛老师学术思想,除那些美术史鸿篇巨制外,其序跋是无论如何不可绕过的重要一环。这些序跋,无论是针对学术论著还是书画诗集,或者其他杂书与短论,薛老师均孜孜矻矻,未尝稍懈,故读其寸笺短札,均有行于山阴道上,目不暇接之感。这是本书的另一特色。

在学术论著之外，薛老师所关注的视野从未离开过当下。厚古而不薄今，是其治学的基本态度。因而，在序跋中，对当代书画诗集的关注尤为难得，体现其淹通古今、学老扶幼的特点，足资后学之楷式。值得一提的是，薛老师在当代学者著作和书画家作品集的序跋短论中，习惯将自己融入到历史情境中，让我们看到了他的交游、他的学术历程以及对艺术的感悟，这在《紫苑看立辰小品》和《天水相与永》中最为明显。至于薛老师在文章中所一贯表现出的情文并茂，生动鲜活，极富可读性，那就更是可圈可点了。

薛老师所作序跋甚夥，十数年来，已裒然成帙。今择其要者，成序跋集一书，此举于嘉惠学林，功在当下，利在后学。愚钝如我者，只能管窥门径，而于其学术精要，未克尽述，或述而仅得其万一。近读清代书画鉴藏家兼学者陆心源（1834—1894）的《仪顾堂集辑校》，中有《刻〈圣济经〉序》一文，陆氏称其书"文浅而意深，言近而旨远"，今读薛老师《方壶楼序跋集》，可谓于我心有戚戚焉！

2018年6月30日拜序于京华梧轩小筑之南窗

（此文系为薛永年《方壶楼序跋集》所作序，北京联合出版公司，2018年8月出版）

白谦慎与《云庐感旧集》

认识白谦慎先生差不多有十多年了。依稀记得在2007年8月，由苏州的华人德、王伟林等策划的明清书法史论研讨会在张家港市举行。除了在会场聆听白先生的点评外，在会议组织的参观考察中，我们偶尔有过一些闲聊，相互谈起近期研究或关注的学术话题，同时与华人德、曹宝麟、黄惇一起留影。回到广州后，我将拍摄的照片冲洗了五份，准备下次见面时一一奉上。在此之后，先后与华、曹、黄等数人有过研讨会上的再遇，印象中照片均已奉达，唯独因与白先生远隔重洋，睽违良久，照片一直存放于书橱。后来因工作需要，我北上供职，寓居北京。有一次竟在中国美术馆门口与其邂逅，寒暄了几句便匆匆话别。当时他在三联书店做系列的讲座，风尘仆仆赶回客舍准备材料。再后来虽然多次有过在研讨会中同时出现，但因其已成为学术明星，身边总围着一批热情的好学青年，生性惮于交往的我往往无缘当面请益。近日在整理书橱时，发现了当初游览吴中胜迹的照片，一晃十多年便已过去，白云苍狗，不胜唏嘘。事也凑巧，恰好在此时收到了广州李怀宇兄寄来的白先生新著《云庐感旧集》，便以极快的速度拜读了全书,掩卷之后很有一种为文的冲动。

白先生梓行的书并不多,但几乎每一本我都精读一遍。最早读的一本书是《与古为徒和娟娟发屋》,读了此书后,我到美国访问时,特地去了波士顿美术馆,在中国艺术史学者白玲安的引领下拜观了吴昌硕的"与古为徒"匾额,并且从此对路边随处可见的书法墨迹都会高看一眼;《吴大澂和他的拓工》几乎是拿到书之后的当天便看完,读起来酣畅淋漓;《傅山的世界》和《白谦慎书法论文选》读的时间最久,需要静下心来慢慢品味。如果说以

2019年11月17日,本文作者朱万章(右)与白谦慎摄于浙江诸暨陈洪绶纪念馆

上诸书都是给人以学术滋养与启发的话,《云庐感旧集》则完全另辟蹊径,建构了一个以白先生为交游中心的学术谱系。

白先生治学之严谨笃实,术业之专攻,在同辈学人中,堪称翘楚。但很少有人知道,白先生还是一个讲故事的高手。在《云庐感旧集》中,他讲起因傅山的《哭子诗卷》而与陈启德、萧铁、金元章结下翰墨因缘,讲到亲承王弘之、邓显威、章汝奭、赵宝煦等人教泽,讲到八大山人的隔代知己王方宇,讲到张充和送其进耶鲁大学,讲到和汪世清一起去北京图书馆善本书部查书,讲到美国书画收藏家翁万戈先生的人文情怀,讲到和同辈学人曹宝麟、华人德、潘良桢、乐心龙、周永健等人的君子之交。最感亲切的是,书中提及的不少名家耆宿,有不少与我有过直接或间接的交流与互动,因而读起来,感觉很多故事就发生在身边。书中提及的曹宝麟、华人德等师长,自不待言,多次在研讨会或其他学术交流活动中有交集,而翁万戈先生,则是于2009年在中华世纪坛举行的"传承与守望——翁同龢家藏书画珍品展",我受邀参

白谦慎《云庐感旧集》书影

与其事,当时有过一面之缘。翁先生虽然已届鲐背之年,但其矍铄的神采,给人留下深刻的印象。和汪世清先生,虽然没有直接交流,但因我一直关注明末清初这段历史,故其著述一直成为我案头常备的读物,尤其自1993年7月起,我应香港《大公报·艺林》版主事马国权和关礼光先生之约,开启了近十年的专栏写作,所涉及的内容都与明清书画相关。每次收到剪报,几乎都会看到同期刊出的汪先生关于艺苑疑年考订的文章,我也就很荣幸地成为汪先生这批文章最早的读者。这些文章,后来结集,先后在大陆和台湾付之剞劂,为《艺苑疑年丛谈》和《艺苑疑年丛谈(增补版)》。2012年9月,在澳门艺术博物馆参加"云林宗脉:新安画派学术研讨会"时,意外获得安徽鲍义来先生赠予的《汪世清书简》,捧读之余,与白先生深有同感:"很多信件几乎就是篇幅不一的论文,有很高的学术价值。"遗憾的是,这本容纳969通信札、六十七万言的文献集,至今也只是内部发行,流播不广,很多学者因而也就无法从中获益。白先生文章中讲到和汪世清先生在图书馆查阅善本书的经历,包括按书籍的珍贵程度收费、只能用铅笔抄录、须提交相关单位证明等,我也曾有过相似的际遇,或许这将成为一代人共同的文化记忆。

　　白先生的文章娓娓道来,有温度,有胸襟,从中可看到一个个鲜活的身影。书中所谈的都是和书法、学术相关的学人,在他们身上,我看到了一代学人的品质。这些品质,在今天的学术界,似乎有些陌生了,离我们渐行渐远,有很多人,我们只能仰望其背影。但诚如白先生在书中所叙说:"清初大儒阎若璩曾说,有顾炎武和傅山这些前辈,激励着后生小子发奋努力。"我想,正是因为有白先生和书中各位学人的存在,才同样激励着后学如吾辈者发奋努力。

值得一提的是,在阅读本书时,笔者所撰写的首部与当下学人交游的《尺素清芬:百年画苑书札丛考》即将由广西师范大学出版社付梓,执事者希望我能找一位学人题写书名。我不假思索便想到了白先生,并即时向其发去了微信。微信发出后数小时,仍无回音,我突然感觉很是唐突,内心忐忑不安。没想到,在夜晚收到了白先生热情的回复,说此时正在美国,因时差关系迟复为歉云云,并询问我是题横幅还是竖式,我说无妨,看您方便就好。待第二天一早打开手机,便收到了白先生儒雅而元气淋漓的题词,真是有如获至宝之感。白先生在书中多次提及多位学界前贤对后学的嘉勉与鼓励。在白先生身上,这种可贵的品质得到了传承与延续。

2019年1月7日呵冻于四川眉山

(原载《中国文化报》2019年2月3日第4版)

陈履生与红色主题美术研究
——读《共和国画卷上的红色经典》

岁末年初，素有"美术界劳模"之称的陈履生的一份"2019年总结"再次刷屏，亦再次刷新了我们的认知上限。在2019年的365天内，陈履生出版了论著七种，在纸媒发表文章51篇，其经营的"陈履生美术馆"微信公众号发表文章158篇，举办个人展览三次，策划展览四次，举办讲座23场，出席学术活动44场，参加学术会议26次，国内考察14次，国外考察四次，接受聘任六项，个人美术馆开馆一座，在建美术馆、博物馆三座，全年国内飞行69次，到达26个城市和一个地区，飞行里程98109公里。单就工作量而言，陈履生一个人足可以抵得上一个中小型美术馆和博物馆。在这些佳绩中，就包括他所编著的《共和国画卷上的红色经典》丛书五种。很显然，五种学术图录虽为皇皇巨著，但相比较一年的劳作来说，仍然只是其中的一小部分。

与陈履生的近三十年交游中，他总是能出人意料地给我们带来惊喜。在2019年国庆前，他编著出版的《共和国画卷上的红色经典》，便是其例。这套丛书共分为"脊梁""伟业""建设""军事""农业""领袖"六大卷,目前已有前五卷付之剞劂,而"领袖"卷尚在审读中。五卷本图文并茂,以全景式展现美术家眼中的中国革命史和中华人民共和国发展史,亦展现二十世纪的红色主题美术嬗变与演进史,同时也反映出了作者眼中的美术发展史。可以说是陈履生之前所编(或著)的《新中国美术图史》《新中国年画宣传画》和《红旗飘飘:20世纪主题绘画创作研究》的扩展版与加强版,是陈履生一以贯之研究中华人民共和国美术史成果的集中呈现。

陈履生曾供职于二十世纪美术作品收藏最为丰赡的最高殿堂:中国美术馆和中国国家博物馆。两个馆在红色主题美术收藏方面具有无与伦比、得天独厚的优势,因而陈履生寓目作品既多,又因工作关系,他和大多数作品的创造者或后人都有交游,对作品创作的背景与文化语境都较为熟悉,因而研究起来,自然也就得心应手,水到渠成。但真正重要的是,陈履生对浩如烟海的红色主题作品有一种天然的学术自觉与敏锐。他能取精用宏,抓住不同时期、不同题材的美术节点,提炼出最能反映一个时代特质的美术精华。比如,在美术作品中反复出现的拖拉机、红飘带、红旗、工农兵、海防和前线等,成为一个时代的文化符号,在不同美术家的笔下,所呈现的方式是不一样的,而对其怎样解读也是考量对现实关怀与语言变革的时代背景的深刻认识。这对于陈履生来说,可谓驾轻就熟。他通过对相同题材的不同美术家作品梳理与类比,让我们清晰地找到红色主题美术作品递进的脉络。

丛书中的美术作品既涵括国画、油画两大门类，又囊括了版画、水彩、年画等画种。就艺术家而言，既有如傅抱石、董希文、王式廓、李可染、亚明、罗工柳、叶浅予、关山月、黎雄才、古元、石鲁、吴湖帆、吴作人、魏紫熙、蒋兆和、钱松嵒、陆俨少、黄胄、刘旦宅、刘仑、靳尚谊、黄永玉等耳熟能详的美术名家，也有一些当今画坛中名不见经传者。但无一例外的是，他们的作品之所以被选入书中，都是因其独特的绘画主题或绘画特色成为一种经典。需要提及的是，在每一卷的开端，除了均有陈履生洋洋洒洒近万言的总序外，还有针对性较强的专论，对该卷所涉及的美术家和作品均做深入剖析与解读，如在"脊梁"卷中，陈履生撰写《百年中国的脊梁》一文。

2016年6月26日，本文作者朱万章与陈履生（左）在北京侨福芳草地

他从先行者的祭奠、新文化运动的旗手、群英会上的赵桂兰、当代英雄、祖孙四代与父亲、人民和总理六个方面对"脊梁"展开深入阐释。这对于普通读者来说，不啻为金针度人，示人以门径，对于专业人士来说，则提供了不一样的视角，其学术价值，自不待言。

对于二十世纪红色主题美术作品的研究，在近十几年来，也有渐成显学之势。不仅在博物馆、美术馆、高等院校、画院等科研机构的专业人士有所涉猎，多有论著或论文面世，且在硕士、博士论文选题中，这一主题也常常成为热门之选。笔者在中国艺术研究院和中央美术学院等参加硕博士论文开题和答辩中，便已发现多个这类课题。但无论就图片资料的丰富性、原创性，还是所涉及画家、作品的广泛性，以及研究的深度而言，与该套《共和国画卷上的红色经典》相较，均无出其右。因而，从某种程度上讲，《共和国画卷上的红色经典》丛书为未来的中华人民共和国美术提供了一个蓝本，树立了暂时无人可企及的标杆，对该领域的研究无疑具有示范意义。因此可以说，陈履生嘉惠学林，沾溉后学，厥功至伟。有理由相信，因《共和国画卷上的红色经典》丛书所提供的海量信息及鲜为人知的文献资源，尤其是不同美术品种和不同时期美术家的作品解构所折射出的美术状态，该丛书本身或许更会成为硕士或博士的论文选题。无论是研究二十世纪美术通史，还是红色主题美术的专题探究，《共和国画卷上的红色经典》丛书都是不可绕过的重要一环。

值得注意的是，最近几年来，红色主题的美术作品成为书画收藏界的新宠。一批作品在北京、杭州、香港、广州的拍卖市场上屡屡受到追捧，拍出天价。但随之而来的是，一些红色主题的赝品之作也开始浮出水面。《共和国画卷上的红色经典》或可正本清源，成为鉴藏界的"标准器"，为收藏家们提供可资参证的楷式。

2020年年初于柳南小舍

（原载《中国新闻出版广电报》2020年1月9日T17版）

黄宾虹研究的名山事业
——《黄宾虹文集全编》札记

在二十世纪的美术史上,黄宾虹(1865—1955)是我一直保持持续热度和学术兴趣的名家之一。但凡有关于他的新史料面世,或有新面孔的作品展览或梓行,我总是会极度敏锐地感受到。记得今年暑期,我因度假到南宁,意外惊喜地发现在市博物馆正展出杭州博物馆所藏的近百年金石书画,其中一件黄宾虹的《钟馗图》诸书所未刊,在既往的研究中也无人论及,便引起我的浓厚兴趣。返回京城后,遂搜集相关资料,写成了一篇《黄宾虹与〈钟馗图〉》。我想,之所以对黄宾虹如此敏感和热衷,除了因其画风独特外,还因为他晚年与先师苏庚春(1924—2001)有过交游,曾在故宫鉴定过书画,编辑出版过《美术丛书》,系统研究过中国绘画史,和同时期的重要文化名人有过交集,等等,应该还有很多原因。这些因素归结起来,在二十世纪的美术史研究中,黄宾虹都是无法绕过的重要人物。正因如此,作为一个在金石书画创作、画史、画论和书画鉴藏等方面都有着卓越建树的美术家,黄宾虹留下的浩如烟海的文献资料也就成为我案头和书房必备之物。

记得在上世纪末,当我捧读上海书画出版社梓行的六卷本《黄宾虹文集》时,当时莫名的激动与感念至今还记忆犹新。相比较同时代的其他书画家,黄宾虹的著述极为丰赡,且擅以各种笔名发表文章,并且留下不少未刊文章,为不易辨认的手稿,因而要梳理、编辑其文集并非易事。但这一切对于一直孜孜矻矻潜心黄宾虹研究的王中秀(1940—2018)来说,似乎都化难为易,化繁为简。他曾在书中谈到,因编辑文集之故,住在远离市廛的博物馆库房旁边的小旅舍,"用棉被裹着被热水暖过的身子,匍伏在黄氏讲学记录稿上,借助放大镜一个个辨认那改得线条错综一如他那晚年画面的字迹",完全可以想象这种青灯孤影式的艰难生活伴随着他的日常。记得2017年在常州参加"毗陵钱谢书画艺术研讨会"时,我和王中秀还谈起这套文集。他说正在修订增改,即将出版较为完备的黄宾虹全集。庆幸的是,在时隔初版二十年后,经过王中秀反复增删、数易其稿的《黄宾虹文集全编》终于呈现在读者面前。但同时亦倍觉伤感的是,未及亲眼见到此书付之梨枣,王中秀先生已于去年遽然离去。这套皇皇巨著的付梓,亦可视作是对其最好的纪念。

初版本的《黄宾虹文集》凡六册,分别为《书画编(上)》《书画编(下)》《杂著编》《译述编·鉴藏编》《题跋编·诗词编·金石编》《书信编》,并无明确的顺序,从版权页及前言、后记可知,《书画编(上)》为第一册,《书信编》为第六册。而修订本凡七册,在书名上多了"全编"二字,显然试图凸显其"全"。其开本亦从原来的三十二开扩大到十六开。七册均有明确的顺序,且每册内容与初版本略有不同,七册依次为《书画编(上)》《书画编(下)》《金石编》《杂著编》《鉴藏编》《书信编》《译述编·题跋编·诗词编》。虽然各个类别与初版本大同小异,但其结构则发生显著的变化。"金石"和"鉴藏"独立成册,其内容亦有大幅增加。其他类别亦有不同程度的修订。一般来说,基本上是增加的多,删减的少。以我最为关注的《书信编》为例,修订本增加了方介堪、方叔轩、方逋、江印舸、江振华、汪信生、汪达川、汪慎生、汪福熙、吴一峰、杜考祥、林思进、卓自浩、神州国光社经理、俞巴林、翁纫秋、陈直、陈乃乾、陈中凡、陶广、陶冷月、叶恭绰、邹安、黄羲、黄仲方、黄钧瑞、邓秋马、刘公鲁、罗振玉、篱农、逊吾、公函、次乾等三十三人信札,而原有的卞孝萱、朱砚英、何治法、汪己文、吴湖帆、吴载和、吴鸣、

黄宾虹《山色常静图》,中国国家博物馆藏

林散之、胡蕴玉、徐乃昌、陈柱、陈敬第、陈景昭、陆丹林、张谷雏、黄居素、黄昂青、黄树滋、郑轶甫、蔡守、罗原觉、苏乾英、顾飞等二十三人的信札则有不同程度的增加，原曾香亭的十通信札被区分为曾香亭和段拭合为三通，曾香亭独立七通；裘柱常的十三通则被区分为裘柱常与顾飞八通，裘柱常八通（总数亦有增加）。耐人寻味的是，原书中致王伯敏的二通信札和致周扬的一通信札则被删去或改上款。按照王中秀的说法，经深入考订，黄宾虹并未致信于王伯敏，信札乃伪造，而致周扬的信则是原依据的出版物标识有误，遂改为"与某某"。毫无疑问，这已经不是简单意义上的文集汇编，实际上已融合王中秀多年来的研究成果，有理有据，信而可征。因而，与其说这是黄宾虹文字的梳理与搜集，毋宁说是王中秀的黄宾虹研究成果的集中展示。

尤为可赞的是，修订本除了在初版本基础上增加文献外，编者更别出心裁地在每册目录中标明黄宾虹原文的子目，这就使得阅读起来清晰明了，有的放矢，如《书画编》中《宾虹论画》《画学散记》《画徵录商说》《籀庐画谈拾遗》《古画微》等诸篇均列明细目，提纲挈领，为读者提供了深入阅读的路径。当然，彩色的配图以及疏朗的排版，亦使此书的阅读体验感明显优于初版本。

正如编者在后记中所言，修订本的两项工作在于订正初版的错误及增加新发现的佚文。沉甸甸的七册巨著，正是其修订与增加的结晶，无论对于美术史学界，还是书画鉴藏界，都是功在当下，利在千秋的名山事业。王中秀自己曾说，与此文集同时敲定的尚有其编著的《黄宾虹年谱》修订本，是其在旧版基础上增加了二十多万字。这确实是学术界的福音。若能早日付梓，则可与《黄宾虹文集全编》并称"双绝"而传之久远了。

2019年11月24日于京城之柳南小舍

（原载《艺术品》2020年第1期总第97期）

非主流名家与美术史研究
——《王学浩研究》序

"巨然《夏山图》与《浮峦暖翠》同一笔法,吴仲圭又于二图外另出一种笔法。此幅兼三种而用之,非敢集古人之长也。昔赵文敏集古字成书,世人以为奴书,予此图亦未免奴画之诮耶",这是王学浩(1754—1832)四十岁时在其所作《仿元人山水图》中写下的题识。在这段自题中,不难看出其自谓博采众家之长的艺术取向。有意思的是,在中国古代书画鉴定组成员对这件王学浩早期作品进行鉴定时,认定其学方士庶、张宗苍两家。这在杨仁恺的《中国古代书画鉴定笔记》中有详细记载。这就涉及一个饶有趣味的话题:我们怎么来正确认识一个游离于绘画史视野之外的名家?怎样结合作品信息来正确解读其人其画?

对于这样一个并非开宗立派的名家,甚至在绘画史上也谈不上有重要影响的画家,长期以来,学术界对他的关注度显然不够。我曾试图寻找其传世作品、搜集其相关资料,但究竟不如"四王""扬州八家"等来得直截了当。究其原因,除了本人学力有所不逮之外,地缘因素、作品相对较为集中以及其交游圈并未触及主流美术等,都是重要因素。庆幸的是,这样的学术研究不乏有心人。摆在我们面前的关于王学浩研究的书稿,就是明证。此书在一定程度上,也弥补了我的遗憾。

俞建良兄生活在人文荟萃的吴中地区,耳濡目染画迹既多,对王学浩这样名重一地的书画名家尤为垂注。基于馆藏优势及地利人和,王学浩在其研究视野中有着得天独厚之便,也就在情理之中了。但与"四王"或"扬州八怪"不同的是,王学浩研究并无学术传统可言,今人研究中可资参证的成果不多,因而其研究的难度也是显而易见的。惟其如此,俞建良所做的研究可谓有筚路蓝缕之功,他在学术史上的地位也是毋庸置疑的。

作为一个并非耳熟能详的画家,读者对其生平概况及艺术活动行迹的了解是并不多的。因此,要先读其画,必先识其人,故全书用了不少篇幅,将王学浩不同时期与不同题材的绘画做了深入剖析,并结合其诗歌、画论,以及朋友圈的相互砥砺、师承关系的梳理等,为我们呈现一个鲜活、清晰的文人与画家的形象。王学浩生活的时代,并无特别突出的大师出现。因而,像王学浩这样一个兼具画家与诗人等多重身份的艺术家,也就成为一个时代的缩影。他的作品,从早期对前人的传移摹写与心慕手追,到后期逐渐脱离前贤藩篱,润物细无声式地发生画风渐变,是一个时代的典型特征。

值得一提的是,在明代画坛,画家仿古、摹古,往往很少在画中自题以示源流,而到了清代,尤其是清代中晚

清·王学浩《雷塘庵主小像（阮元中年像）》，纸本设色，132.2cm×42.7cm，1808年，南京博物院藏

期以降，非但画家仿古、摹古要在画中题识以溯其根源，即便独创者也多题"仿某某家"或"拟某某法"，在清初"四王"及清代中后期王学浩、张问陶、奚冈、黄易、汤贻汾、戴熙、任熊等人作品中最为明显。所以，在王学浩的作品中，几乎很少见到不仿某家之作，他自称己画为"奴画"，即是这个缘由，但这并不能说明王学浩作品无创意可言。对于这一点，本书作者借助金云庵（1915—1996）之口道出了原委："画学谁、像谁，就写谁，这是托词。其实此图确定是本人用心之作。为表谦恭，写上师法某家。这样，对行家来说，有传承；对外行来说，师法名师、名家，画家的作品要有'姓'，画就有地位，可卖个好价。"这是一个时代的风气使然。因而无论对美术史研究还是书画鉴定来说，都是值得深入探究的。

一部完整的美术史，显然不仅仅是几个大名家及其作品的历史。关注非主流画家及其作品，也是美术史研究者义不容辞的职责。在明清绘画史研究中，对于重要流派及其主流画家的关注已经较为成熟和完备，但对于王学浩们值得研究和讨论的内容还有很多，有的甚至还存在诸多空白。而俞建良们的研究，正好为我们提供了一个极好的范例。相信这对于后学者，一定会沾溉良多。

作为一个美术史研究与书画鉴定的工作者，我一直以来对画家的第一手资料有着天然的兴趣。但凡拿到一本新的美术史研究论著，我首先要看的是作者到底为我提供了多少鲜为人知的材料，是否可以填补我的知识盲区，其次是研究的方法与结论是否在该领域的学术史中有独到之处。当我拿到这本耗费大量心血的书稿时,很显然,其预先的期望值达到了。或许,这正是俞建良所做研究的意义所在。

2018年5月20日于京城之景山小筑

(此文系为俞建良《王学浩研究》所作序,上海书画出版社,2018年出版)

时代风景与五邑美术家

在晚清民国以来的美术视野中，很难找到第二个像广东江门五邑那样艺术名家扎堆的地方，随便列举一些人名，都可以在二十世纪美术史中找到他们的重要位置：留学欧洲的早期油画家李铁夫，篆刻家易大厂，广东"国画研究会"的中坚人物赵浩公、冯缃碧、李研山、黄金海，早期油画家和美术教育家冯钢百、胡根天、陈抱一、谭华牧、何三峰，美术理论与创作兼善的伍蠡甫，"岭南画派"的传人容大块、李抚虹、黄幻吾、杨善深，油画家司徒乔和雕塑家司徒杰兄弟，漫画家叶因泉，油画家余本、胡善余、王少陵，版画家黄新波，版画家和油画家罗工柳，水彩画家黄笃维等。他们都是出生在江门五邑且均为近世美术界的风云人物。在这些叱咤风云的人名之外，还有不胜枚举的其他美术家，他们共同缔造了二十世纪中国美术史的辉煌。

究其原因，不外乎江门五邑是中国最早的侨乡，是中国民间最早与欧美接触之地，他们以务工、留学等形式开启了中西交流的模式。所以，早期的这批留洋的美术家，返回故土后多以油画创作和美术教育为主，客观上促进了西式美术教育，培养了一大批学贯中西的美术领军人物，其筚路蓝缕之功，未克尽述。另一方面，因此地在近代开风气之先，开眼看世界，在与外界交流的同时，吸引了来自海内外的艺术赞助人，无论是油画还是中国画，都比其他地方较早介入艺术市场，因而客观上也促进了艺术的传播与影响。在此文化语境下，江门五邑的美术事业，呈现雨后春笋之势，出现"井喷"的年代，也就在情理之中了。

关于五邑地区的美术家个案研究，在二十世纪的美术史学史中，方兴未艾。尤其是近三四十年以来，对这些美术家生平事迹的梳理、作品的研究、文献资料的钩沉以及由此而举办的展览和学术研讨会，成一时之显学。无论在这些美术家郡望所在地的广东，还是在美术话语权中心的北京，对他们的深度研究已经有蓬勃发展之势。但从宏观的角度来整理这一地区的美术家活动状态的研究，却并未出现。基于此，全面整理十九世纪末期以来，以江门五邑为中心的美术家艺术活动年表，

李铁夫《音乐家》，1918年，布本油彩，68cm×56cm，广州美术学院美术馆藏

也就显得甚为迫切和极为重要了。因而,摆在眼前的这本《井喷的年代:1869—1949江门五邑籍美术名家活动年表》也就成为该主题研究之嚆矢,我对它的期盼自然也是无以复加的。

对美术家的研究,第一步自然是对基本情况的熟悉和了解。其资料大抵包括生卒年、活动区域、所受到的相关教育、朋友圈、作品的创作和流传情况、时人的评述等。如果是活跃于二十世纪以来的美术家,还应包括其加入的美术社团、参与的展览以及登载于期刊的文章或作品等。其第二步才是对其艺术风格的解析以及在美术史上的意义探讨,在政治、文化及美术等领域中地位的剖析。很显然,美术家的活动年表应当属于前者。所以,在本书中,我们获得了美术史研究最直接的素材,为深入研究美术家提供了可能。而对于非专业人士来说,通过年表,亦可洞悉这一时期五邑地区美术界所曾经有过的繁华。

一般说来,对于美术家年表的编撰,能搜集到来自美术家本人及交游圈的原始文献、作品信息固然重要,如若不然,对美术界现有学术成果的爬梳与甄别,并在广泛参证相关美术文献的基础上做一种合理取舍,也是一种不错的选择。本书所付出的艰辛劳动,大多属于后者。无可置疑,我们在感受到五邑地区美术家所经历的世纪沧桑与百年辉煌的同时,亦可对二十世纪以来对该地区美术家研究的学术史有所了解。记得在数年前,我曾供职于粤省时,对民国时期风靡一时的广东"国画研究会"有过关注与研究,并主编了《广东"国画研究会"研究》及参与编辑了《守望传统：广东国画研究会1923—1937》。书中所涉五邑地区美术名家赵浩公资料尤多。在本年表中，多处引用并标注出处。其他关于五邑地区美术家个案研究的成果，如迟轲主编《李铁夫》、广东美术馆编《中国早期油画大师冯钢百》、陈瑞林编《现代美术家陈抱一》、广东美术馆编《谭华牧："失踪者"的踪迹》、冯伊湄的《未完成的画》、谢钧主编《永恒的朴素：余本作品及评论集》、吴瑾的《青年艺术社与广州现代美术（1927—1937）》、广州美术馆编《胡根天作品集》、李允鉌等编《李研山书画集》、中央美术学院编《罗工柳》、司徒乃钟等编《司徒奇传》、广东省美术家协会编《黄新波纪念文献集》以及《黄幻吾薛宇才双百书画遗珍合集》等，都在本书的选材之列。因此，将此书作为江门五邑地区美术家研究的学术史来阅读，也未尝不可。一举两得，成为本书的一大特色。至为难得的是，书中

赵浩公《南山松柏图》，1935年，绢本设色，120.5cm×61.6cm，香港中文大学文物馆藏

每一年所遴选的相对应的图像资料,如美术家活动影像、美术作品、期刊书影等,大大提升了本书的含金量,这对于后续的美术史研究来说,无疑提供了珍贵的蓝本。

回望百年中国美术,江门五邑作为一颗璀璨的明珠,镶嵌在中国的美术星空。直到今天,五邑地区所延续下来的美术文脉,还在世界各地滋养,直接或间接影响着海内外美术发展。当我们翻看着这本勾勒出近百位五邑地区美术家行迹的年表时,发自内心的敬意油然而生,相信对于关注这一地区美术发展状态的人来说,或许都会有同感!

2018年7月11日于京华

(注:此文系为《井喷的年代:1869—1949江门五邑籍美术名家年表》所作序,即将由上海社会科学院出版社出版)

《苏庚春中国画史记略》编后记

苏庚春（1924—2001）是国家文物鉴定委员会委员、著名书画鉴定家，在书画鉴定方面卓有建树。平时学界多膺服其目鉴，但对其在理论方面的造诣却知之甚少。今年是苏先生诞辰八十周年，他原来所供职的广东省文物鉴定站和广东省博物馆特地将其部分手稿整理出版，除了表达对他的怀念之情外，更多地让人们认识这位鉴定家多方面的艺术才华。

苏先生的手稿原题为《中国绘画艺术辑略》，凡七十余万言，后来经笔者整理，缩减为六十万字。因为文稿主要是在二十世纪七、八十年代所撰写，其中一些提法已经不合时宜，所以需要作一些适当处理，并将书名改为《苏庚春中国画史记略》。在先生撰写论著之初，中国绘画史学界尚无今日之兴盛，很多论著与原始资料尚未梓行，因此其开创之功是不言而喻的。虽然用今天的眼光看来，很多研究尚属基础层次，但书中的例证大多为先生亲自寓目的画迹或亲历亲闻，尤其是对画家生平的考证和史迹的钩沉方面，能发人之所未发，即使在美术史学相当繁荣的今天，仍然有着积极的现实意义。

苏先生毕生从事书画鉴定，为广东省博物馆等国家文博单位征集、鉴定书画数万件，所以在他的这本倾注了一生心血的专著里，我们看到了一个以书画鉴定家独特的视角所观察的中国绘画史。这种以第一手资料为研究基础的治学方法正是目前美术史领域所欠缺的，相信本书的出版必将成为后学之津梁。

本书是由广东省文物鉴定站和广东省博物馆联合整理、编辑、出版的，广东省文物鉴定站主任黄道钦先生和副主任单小英女士自始至终关注本书的整理与出版，并提供经费支持，广东省博物馆馆长古运泉先生、副馆长萧洽龙先生参与了本书出版的策划，并为笔者提供了必要的时间与宽松的环境。原广东省政协主席、书画鉴藏家吴南生先生在百忙中撰写序言，苏先生夫人张沛之女士和哲嗣苏振一先生提供了珍贵资料，广州美术学院研究生郭燕冰同学承担了校对工作。还有很多书画界的同仁们，是大家的齐力合作，才有本书的最终问世。

本书的出版是先

苏庚春著《苏庚春中国画史记略》书影

生一生的夙愿。余生已晚，受业既短，但未尝忘记先师教诲。值此宏著付梓，感慨万端，遂援笔数语，藉纪教泽。至于因笔者学力局限所造成之书中错谬、遗漏，还望大方之家及时指正。

2003年12月谨识于广东省博物馆红楼之南

（苏庚春著《苏庚春中国画史记略》，广东旅游出版社，2004年4月出版）

民国北京书家剪影

记得在2011年编《民国政要书法集》时,就曾感喟在清末至二十世纪中叶不到四十年的时间,竟然产生了如此众多的书法家。无论是政要、文人还是学者,在主业之余,都能兼擅书法。他们承继晚清以来士人学子勤于临池的书学传统,不以书名却又独擅胜场,可谓前接古人,后少来者。究其缘由,固然有前清举业的因素,但深究起来,与其时文风、学风昌盛不无关系。在此风尚之下,举凡文士、学人、政要甚或军人、优伶,大多能舞文弄墨,留下墨迹。以人文渊薮驰誉海宇的北京,汇聚之书家就更为特出了。近读邹典飞先生的《翰墨遗韵——20世纪的北京书法家们》,这种感觉就更为强烈。

与很多地区的情况迥然有别的是,北京是一座包容性极强的大都市,南来北往的文化精英多会聚于此,故民国时期的北京书家,真正数起来,其郡望在京的,可以说寥寥无几,绝大多数代表人物,都曾寓居于此,如杨守敬、沈曾植、康有为、郑孝胥、齐白石、章太炎、袁克文、叶恭绰、陈半丁、王秋湄、寿石工、瞿兑之、刘乃和等,故这一时期的北京书家,实则就是一部中国书法的剪影。如何把握这些既在全国书坛颇具影响，又深耕于北京地区的书法名家，的确是一个颇费思量的事。基于此，作者选取了一个特殊的视角：以个案为考察中心，论述其生平行迹，剖析其书学渊源，评骘其书写特色，阐幽发微。作者所选取的五十七个代表书家，恰如五十七个不同的"点"，这些"点"，以时间为维度，贯串起来，从不同的角度，由碎片化的个体，形成了一个较为清晰完整的"面"，因而呈现在读者面前的，就是一部相对完整的民国时期北京书坛的发展简史了。需要指出的是，五十七家显然不足以代表民国北京书坛的全貌，但见微知著，据此我们或可管窥那个风云变幻年代的北京书法的文化生态与书法表现。

  邹典飞是土生土长的北京人，是近年来崛起于书坛的青年才俊，不独著述勤勉，亦临池不辍，且开馆授徒，传道授业，故写起书法评论与书法史来，自有其得天独厚的优势。他熟悉北京的地方文献，其师辈与书中不少人物均有过交游，书中所述，大多来自第一手文献资料，有的更来自书家本人。近几年来，我与典飞的交往中，可知其对民国以降的北京典故如数家珍，谈起一些书法家，就像谈自己的家人亲友一样，和什么人有过交往、发生过什么有趣的事、跟谁学的书法、和哪些政要或名伶有过交集，甚至有过什么鲜为人知的花边新闻等。他的侃侃而谈，就是一部零星的民国书法口述史。如今，他将其笔之为文，洋洋洒洒数十万言，故甫一阅读，就很有一种亲切感。因其本身是个颇有心得的书法家，故评起他人书法来，就少了很多纯书法史学者的干涩和隔膜，有话可说，得心应手。他谈笔法，谈章法，谈结构，谈师承，谈演变，谈意境，谈影响，谈书论……如有源头活水来，总有说不尽道不完的话。这些"话"，既有对书家行谊的平铺直叙，又不乏对作品的深层解读。

邹典飞更喜欢鉴藏，其斋中宝物，也多为书中名人书法。既有对联，书轴，亦有信札，便笺。每遇心仪之物，他必发来图片共赏；或逢存疑之时，也多发图来征询，疑义相与析。有时候为了考订一件作品的真赝，他往往搜集网罗多件书家的真迹，反复比对，跑博物馆、图书馆，请教对该书家熟悉的学者或鉴定家，务必做到言必有据，信而可征。他所援引的作品，除来自博物馆、美术馆和书家后人珍藏外，有不少是来自潜心庋藏，有不少作品，乃是首次公开面世，其资料性融学术性于一体。他所谈及的具体作品，从书风言及印章、款识，甚至用纸，以及流传过程，故此书虽说是谈书家和书法史，实则又可视作一部民国北京书法的鉴藏史。对于书画鉴藏者来说，不啻为后学之津梁。所谓示人以门径，金针度人，此书功莫大焉。

此书的写作，得益于邹典飞对北京书坛的长期垂注，日积月累，了然于心。他浸淫其中，得前贤滋养，其书风获益良多。在其书作中，能看到民国书风的影子，亦能见其博采众家化为我用的艺术取向。他在临池中深研他人之书，在探研中明晰己书之得失，所以在谈论每一个书家及其作品时，都能见其对作品的深刻领悟，而这正是很多拙于挥翰的书法史研究者的短板。从这一点来讲，这恰恰是邹典飞的优势之一，亦正是本书撰写的特色。

　　我和邹典飞多有唱酬交流，我的多枚用印即是其精心之作。在各类书画活动中，时常能见其活跃的身影，或在专业刊物上读到他关于民国书法研究的最新力作。当我们和旧雨新知一起坐而论道之时，大家常常惊叹于他对北京书坛的熟稔和挚爱。如今，这些噀玉喷珠式的清谈即将付之剞劂，随后将化身百千，飞入寻常百姓家，这不仅是邹典飞学术成果的一次集中展示，更是北京书坛的盛事。作为书稿的最早读者，邹典飞希望我能谈点什么。平心而论，对民国北京美术，虽然我曾有过关注，也曾写过关于陈师曾、梁鼎芬、齐白石、叶恭绰、颜世清、陈半丁等人的文章，但这一时期的书法状态，于我却完全是一个陌生的领域，因而读到这本史料翔实、图文并茂的书稿时，还是有一种填补知识盲区的兴奋。正因如此，我想读者诸君在百忙中读到这本倾注了作者大量心血的论著时，会不会也有这种久违的愉悦呢？

2018年初冬于京华之景山小筑

　　（此文系为邹典飞《翰墨遗韵——20世纪的北京书法家们》所作序，即将由三联书店出版）

沈颖的齐鲁美术研究

美术本无地域之分，但为了研究和考察之便，往往冠之以地域之名。美术史学者沈颖所关注的对象，就是以齐鲁之地为代表的地域美术。当我第一眼看到其以"地域"为关键词命名的书稿时，确乎有一种无法言说的亲切感。因在此之前，我供职于南粤时，便热衷于以岭南地域为主题的美术史研究。在上世纪八十年代以降，向来冷寂的地域史研究有渐成热学之势。在美术领域，地域研究起步虽然并不平衡，但已经引起了海内外学界同仁的广泛垂注。从某一区域的某个画派、一个画家或某种现象出发，条分缕析，见微知著，以此洞悉美术史演进与发展的规律，这也是与主流美术史研究并行不悖的显学。所以，当我展开沈颖以齐鲁地域为探讨话题的书稿时，其欣慰之情还是难以抑制的。

平心而论，在翻阅这本书稿之前，我对"同志画社"和"潍坊画派"是完全不了解的，对"齐鲁画派"虽然知道少许，但对其详细情况也不求甚解。很显然，这本书在很多方面闯入了我的知识盲区。长期以来，对于二十世纪的中国美术史，我们只知道三足鼎立的"京津画派""海上画派""岭南画派",知道以西润中和守望传统,知道主旋律美术创作……但对包括"同志画社"和"潍坊画派"在内的地域美术则较少关注。正好我手边有一本许志浩于上世纪九十年代初梓行的《中国美术社团漫录》,在当时的学术界看来,搜罗二十世纪美术社团还算详尽,但书中竟然也没有在1922年就创立的"同志画社"。由此足见,我们的美术史研究与基础资料整理工作,亟需完善与更新。毫无疑问,沈颖的齐鲁美术研究,一定程度上,弥补了这种缺憾,让我们透过各地的区域美术研究,越来越贴切地感受到较为丰满与完整的美术发展史。

"同志画社"的主要创办者有丁叔言、刘秩东和丁东斋等。他们集合了上世纪二三十年代以山东潍县为中心的最优秀画家。他们定期召开例会、举办展览、教书育人、对外宣传与推介,对近代山东美术的传播与推广,厥功至伟。"潍坊画派"是1962年夏由郭味蕖、徐培基、于希宁、赫保真、陈寿荣等几位具有重要影响力的潍坊籍画家首次提出,其代表画家有郭味蕖、于希宁、郭兰村、赫保真、徐培基、陈寿荣等。他们"以歌颂时代为使命,在山水、花鸟、人物不同领域,从艺术构思、笔墨语言、审美品质上完成新时代的转换"。相比较"潍坊画派"而言,"齐鲁画派"的范围更加宽泛,几乎囊括了当代山东地区所有重要国画家,反映出当代山东绘画的概貌。在画社和画派研究外,沈颖对山东地区的重要个案如于希宁也展开深入探研,对近现代山东济南和青岛等地的区域美术发展也探赜索隐,为我们呈现了全新的美术视野。在这些由表及里的研究中，我们看到了并不为人熟知的山东区域美术教育、画会、美术展览及地域画风，看到了在二十世纪中国主流美术之外的另一个多彩斑斓的世界。

　　虽然沈颖将本书的主题定位在"地域美术"，但书中所论及的俞剑华、李苦禅、于希宁、郭味蕖、黑伯龙等艺术家不仅在齐鲁画坛影响甚巨，即便置于中国主流美术圈，亦未遑多让。故沈颖所探讨的"地域"实则也是主流美术不可分割的重要部分。相比较主流美术来说，包括齐鲁等地的区域美术的关注度并不高，有的甚至还乏人问津。因而，这种带有美术考古性质的原创行为就显得尤为重要，其学术意义自不待言。因为沈颖的地缘优势，对齐鲁地区的美术发展耳濡目染，对美术家耳熟能详，在史料的钩沉与梳理方面，具有得天独厚的便利，所以，读起她的书来，有深度，有厚度，也有温度，她所展现的美术视界，也比山东以外的学者更具说服力与可信度。试想，如果每一地区的美术史学者都有人从本土出发，从爬梳原始资料起步，对本地区的美术家和艺术现象抽丝剥茧，曲尽其妙，那我们的主流美术研究自然也就变得丰富而全面了。长期以来，我一直养成一个习惯，每到一地，必定不遗余力地搜集当地学者撰写或编著的研究本土历史和美术的论著或资料集，以充实自己的研究，其缘由即在于此。到目前为止，已大致囤积了福建、浙江、广东、四川、云南、陕西、山西、上海、广西、北京、天津、新疆、安徽、香港、台湾、澳门、扬州、南通、常州诸地的美术史研究资料，而沈颖的新著，正好可以填充齐鲁美术资源的空白。

　　作为于希宁的外孙女，沈颖家学深厚，自幼浸染尤深，故研究起齐鲁美术来，自然得心应手，有感而发。她所做的齐鲁美术研究，无论在史料的积淀，还是研究的视角方面，都有着他人不可企及的胜场。如果要了解齐鲁地区近百年美术发展的路径，沈颖的研究是不可绕过的。如今，美术史研究有方兴未艾之势，美术论著付之梨枣者不胜枚举。这些论著中，有对作品和艺术家本身的考订与透析，也有从文献资源出发的美术透视，更有高屋建瓴式的扫描。百花齐放，异彩纷呈。而在沈颖的齐鲁美术研究中，有文献资源的发掘，也有艺术家和美术现象的钩稽；有宏观考察，也有个案解读；有历史探源，也有当下视野；有史料，也有论点。我想，如果将来要写一部二十一世纪美术史学史，在谈及区域美术研究的历史和现状时，沈颖的齐鲁美术研究，应当是不可缺席的。

2020年3月11日于柳南小舍

　　（此文系为沈颖《美术史研究的地方性资源——近现代山东地域美术个案研究》所作序，即将由人民美术出版社出版）

美术史论文与随笔的融洽

说来有趣,我和青年学者张鹏的交游,是从编者与作者的关系开始的。前几年,我还在主事国博馆刊之时,收到一篇谈传统故实画的稿件。文章视角新颖,发人之所未发,且史料翔实,言之有据,立即引发了我的极大兴趣。我随即致电该文作者张鹏,和他谈起故实画及相关问题。由于刊物体例的缘由,文章需要在格式上做进一步修订。这样一来一往,我们也就熟悉起来。后来在多次的研讨会或其他艺术活动现场,我们都有见面、叙谈,真正由陌生而变为无话不谈的同道中人和朋友。更重要的是,最近几年,我在《人民日报》《美术》《美术报》《文史知识》《中国文化报》《光明日报》等各大报刊都读到其文章,有洋洋大观的学术论文,亦有短小精悍的随笔杂文,均言之有物,可堪回味。前几天,欣喜地接到张鹏兄的语音微信,说最近有将这些散落于各处的文章结集梓行之举,嘱我为此书写点什么。因几年来读其文章早已有感于胸,自然也就不揣谫陋,乐意为之。

正如作者所做的分类,此书大抵可分为学术研究、美术时评、读画及序跋杂文四类。通读之下,可略窥其近年来治学和为文的大概。其学问的中心,在乎二十世纪以来的美术史,既有宏观阐述,亦有个案研究。作者以审视的目光,对美术史写作的本土立场、美育与当代美术、美术革命、新中国人物画、新水墨等论述尤详。对新中国美术的关注,是其学术的兴趣所在。他论及这一时期历史人物画创作,谈到历史题材人物画的"传统"与"现代"、现实题材中的"情感""诗意"重塑和深度刻画等诸多问题,对于深度解析中华人民共和国美术史,无疑具有提纲挈领之功。对于诸如傅抱石、徐悲鸿、林风眠、郑午昌、何海霞、郎绍君等个案的研究,又为其中华人民共和国美术史的塑造夯实了根基。至于其美术时评,更是其走出象牙之塔,俯视画坛众生与万象所生发的清醒认识。他谈当下展览的缺失,谈画家与市场,谈工笔画,谈大学生艺术创作,谈雅集与展览,谈书画交易,甚至谈到画家与微信、雾霾与艺术等当下的热词与正在发生的身边琐事。阅读体验告诉我们,当我们在读一本前人撰写的画史论著时,其所关注的前朝绘画固然重要,但对读者来说,其所记录的当代绘画更具可读性和可信性,其价值亦远胜于后人的考据与揣摩。张鹏兄对美术状态的解读与透视,正是以一个时人的眼光所折射出的当下美术现象,是当代人的视野,若干年后,其价值亦可作如是观。

有趣的是,作者所关注的一些话题,亦正是我近十年来的兴趣所在,如其对同一绘画母题的解读,可谓于我心有戚戚焉。我曾对《兰亭修禊图》《葛稚川移居图》《东坡笠屐图》《嵩山草堂图》《西园雅集图》以及醉饮图、诸葛亮形象、葫芦图、白描画等历代画家的创作情况与嬗变规律有过谈论，从另一侧面了解绘画史与文化背景、人文语境的关联，由此可从多角度解构一部丰满而富有活力的绘画史。张鹏所谈到的"虎溪三笑"，亦正与我有暗合之处。他讲到绘画的源流，详述历代画家关于这一主题的绘本，并指出历代绘图所出现的两个现象：一是将故事上溯到儒、释、道三教，从而变为孔子、释迦牟尼和老子的形象；一是将情节和人物抽象化。这样的概括，显然不是饱游沃看历代名家翰墨者不能达。这一主题的探究，现在看来，虽然只是美术史研究中的小道，但从长远来说，未尝没有成显学之势。因限于文章篇幅，张鹏并未对"虎溪三笑"作过多释读，但他所梳理的清晰脉络，却是示人以门径。文是小文，却指明了大道。

当下美术史学者大多具有一个特点，即擅于洋洋洒洒的长篇大论，甚至有短话长说、过度阐释之嫌，而对于言简意赅的小文则不屑、不能或不愿为之。这就使得其研究成果大多集中在有限的专业领域传播，而即便在同行中，其影响力也仅限于对研究课题有兴趣者，以故很多鸿篇巨制问世后，往往问津者尠，更遑论社会效益。而在我们的前辈学者如古文字学家容庚、服饰与文物学家沈从文、语言学家王力、美术史学家俞剑华、文学家钱锺书、书画鉴定家启功、国学家季羡林……那里，常常以小文章见大学问。其文往往随手拈来，微言大义，以至于吾侪进入学界的启蒙之书，多有赖于信手所写之小书而受益无穷。有鉴于此，数年来，我已将自身作文划为两类，一为纯学术论文，一为以美术史或美术现象为主题的随笔小文。前者乃探究美术史研究之新径，后者为美术史与美育鼓与呼。前者面向学者，后者直面公众。双管齐下，并行不悖。事实上，这样的定位乃承继前贤传统，已取得良好社会反响，或可为美术史的推广与普及尽以绵薄。今读张鹏《心游》诸文，确乎有吾道不孤之感！

2019年11月23日于京城东垣之柳南小舍

（此文系为张鹏《心游——张鹏艺术研究与批评文集》所作序，河北美术出版社，2019年出版）

《晚清民国岭南美术论稿》序

美术本无疆界,但为了学术研究或推广传播之需,人为地划分地域,以京津、江浙、巴蜀、八闽、沪上、岭南、湘楚、辽海等地为研究对象,探讨其美术发展与嬗变历程,如今已然成为各地之显学。单以岭南而论,远者如汪兆镛的《岭南画徵略》、李仙根的《岭南书风》,近者如汪宗衍的《广东书画徵献录》《艺文丛谈》、郑春霆的《岭南近代画人传略》、谢文勇的《广东画人传》、李公明的《广东美术史》、陈永正的《岭南书法史》、李伟铭的《传统与变革——近代中国美术史事考论》以及忝列其中的拙著《岭南近代画史丛稿》《明清广东画史研究》等,为岭南一地之美术,条分缕析,其筚路蓝缕之功,不可胜计。他若颜宗、林良、陈献章、张穆、汪后来、黎简、谢兰生、居巢、居廉、何翀、高剑父、高奇峰、陈树人、赵少昂、方人定、关良、林风眠、关山月、黎雄才等个案研究,更是深入浅出,无出其右。以故在京城多次谈及二十世纪以来的美术史学研究中,若以区域美术史而论,其头筹非岭南莫属。

岭南美术史研究,以二十世纪上半叶之汪兆镛、麦华三、叶恭绰等为滥觞。自此以降,代不乏人。如今所形成的学术梯队，固然有前贤学者的开创之功，但青年俊彦传承有序，接续学脉，也是功不可没的。后学之中，又以邝以明诸君最为特出。邝君先是以美术教育与美术创作起步，后专心研学，以晚清民国岭南地区之书法、绘画、篆刻为考察对象，以梳理原始文献与传世作品为路径，分别撰写包括符翕、黄士陵、邓尔雅、居巢、居廉、柯有榛、杨其光、高剑父、高奇峰、沈仲强等人在内的个案研究。无论在史料的积累，还是就文化语境下的书画家风格与成因的探索，均有功于岭南学界。晚清民国时期的岭南美术，乃是时中国美术之缩影，故邝君所做之研究，实有裨于主流美术研究。若以一部完整的中国美术史而论，学人多以区域美术或个案研究为基石，总合起来，自然就是一部綮然详备的全史了。因而就此以论，邝君之力，自然功在当下，利在恒远。

邝以明君潜心于岭南美术经年，既有拾遗补阙之功，亦有嚆矢之力，其于岭南印学之探究，已为学界所共知，甚得嘉许。今欣闻其将历来研究晚清民国岭南美术之雄文，裒为一编，且索序于余，遂不揣谫陋，聊记先睹为快之感。晚清民国时期，实乃中国美术史学发轫之时。百余年来，已逐步形成学术传统。邝君论著，将付剞劂，实有望于传统赓续，绵延不绝矣。

2017年7月20日于京城之景山小筑

（邝以明《晚清民国岭南美术论稿》，广东教育出版社，2017年8月出版）

恒福观书画随想
——《恒福藏书画集》序

中国书画收藏的历史,一直交织着公库收藏与民间收藏两条主线。随着时局与文化背景的变迁,或彼消此长,或日月同辉,成为书画收藏的大致趋势。二十世纪上半期,由于政权的更替,时局动荡,使公库与民间所藏日渐式微;二十世纪五十年代以来,同样由于政权更替,政策与文化的变易,公库收藏如雨后春笋,方兴未艾,而民间收藏,几尽匿迹。直到八十年代以后,经济繁荣,政策宽松,民间收藏再度复苏。尤其二十一世纪以来,民间资本高度集中,传统文化引发热潮,民间收藏呈现欣欣向荣的局面。在此背景下,以茶具收藏、开发与推广为主旨的恒福茶文化博物馆在民间收藏中脱颖而出,近年更将收藏的视野扩展至中国书画。经过数年的积累,其书画收藏已然洋洋大观。

随着书画收藏的兴盛,很多民间收藏个人或机构已经呈现出专业化、专题化的趋势。比如,有的以形制来定,专收对联、信札、手卷、扇面或成扇;有的以内容来定,专收文人学者书画、政要书法或佛道书画;有的以题材来定，专收山水、花鸟或人物（钟馗、观音、佛像等）；有的以书画家群体和个体来定，专收近现代书画大家（张大千、齐白石、傅抱石、李可染、谢稚柳等）或古代书画名家；有的以时代来定，专收宋元、明代或清代等。当然，还有一类，就是专门以书画的主题来定。恒福茶文化博物馆便是以茶文化有关的一切书画为主题，同时对相关或相近的书画兼收并蓄，形成自己的主题收藏。

在恒福收藏的书画中，最具特色的，莫过于以"茶"和"茶具""品茗"等元素相关的主题收藏。从清代苏六朋《琴棋书画》屏、汪浦《春夜宴桃李园》中文人雅士的品茶论道、叶衍兰的"墨池香蔼花间露，茶鼎烟浮竹外云"、傅熊湘的"半帘蕉雨时飘砚，满砌松风静煮茶"到现代潘志云的《春夜宴桃李园》、沙曼翁的《茶熟香温图》、苏庚春的"花好月圆人寿，酒清茶熟香温"和"洗砚鱼吞墨，烹茶鹤避烟"、饶宗颐的"闲评花史删红雨，静捡茶经补绿云"和《寒夜客来茶当酒图》等，均与饮茶、茶具或与茶有关的各项礼仪有着直接或间接联系。同时，与"茶"和"茶具"（壶）衍生出的各个题材如"壶""福""寿""葫芦"等也均在其搜藏之列，如杨之光的书法"福寿"、苏庚春的书法"福"、林墉的"聚福迎祥"、陈履生的"福"、朱万章的葫芦系列绘画等。与此同时，一批紫砂壶或陶艺制作大师的书画作品也在其网罗范畴，如紫砂名家汪寅仙、顾绍培，陶艺制作名家徐安碧、邱玉林、葛军、陈巨等，均在紫砂或陶艺界有很重要的影响力。他们的书法均是其工余之兴，反映其多方面的艺术才能。

恒福所藏书画的另一重要特色，便是突出其地域性。恒福茶文化博物馆是植根于岭南、辐射至全国的专业性极强的博物馆，因此，收藏岭南地区的书画自然就成其重要目标之一。从清代的谢兰生、蒋莲、罗岸先到民国的高奇峰、胡毅生、李凤公、黄少强、邓芬及现当代的赵少昂、关山月、杨善深、黎雄才、赖少其、廖冰兄、王兰若、许钦松等，都是岭南各个时期的主要书画家。他们的作品无论是否与茶文化相关，都首先成为恒福的典藏。

此外，学者或文人书画也是恒福侧重的重要主题。从容庚、苏庚春、饶宗颐到黄君实、梁江、陈履生等，他们都是在古文字学、书画鉴定学、文化史、美术学等方面卓有成就的著名学者、文人，又都雅擅书画。他们极具文人气的书画为恒福茶文化的弘扬和发展注入新的活力，成为恒福所藏书画中极具文化内涵的艺术佳构。

当然，在以上诸多主题之外，大凡书画名家的精品之作，也不时会成为恒福猎取的对象。远者如钱慧安、黄宾虹、溥儒、丰子恺，近者如赵无极、黄永玉、沈鹏等人，都是在不同时期享誉艺坛的重要名家。他们的作品，成为恒福书画中的重器。

很明显，由于恒福收藏书画的时间才几年，无论从数量还是品质上讲，他们的收藏均无法与国内其他民营美术类博物馆比肩。但有一点可以肯定的是，他们虽然起步晚，但起点高，而且已然形成自己的特色收藏。以这样的收藏理念发展，完全可以预见的是：今日虽是小径，来日必成大道!

2013年8月22日时客京华之景山东

(朱万章主编《恒福藏书画集》,岭南美术出版社,2013年出版)

融于自然的绘画

人与自然的和谐，是一个永恒的话题。古往今来的画家们，常常借助手中的七彩画笔，以各种形式来诠释这种和谐：或溪山行旅，或花开富贵，或春江水暖，或惠风和畅，再或者人大于山，水不容泛，再或者钟灵毓秀，百鸟和鸣……将庄子所宣扬的"道"与自然的关系尽可能展现于尺幅之中，使人们于方寸之间而尽知天地万物之奥秘。我手中捧读的这本由十四个活跃于广东画坛的中坚画家所共同创作的画册，便是这种解读自然的缩影。沿着这些画家笔端，便可洞悉其翰墨因缘。

在这些画家中，有的早已耳熟能详，在画坛基本已奠定其稳定地位；有的则正处于上升阶段，需要一定的时间积累和艺术历练方能升堂入室。粗略阅读之下，这些画风由朦朦胧胧的状态变得清晰起来，并逐渐形成了如下的印象：

刘济荣以其水墨大写意的笔触兼具淡彩的色调刻画了乡间的姑娘、高原的牦牛、面壁的高士，为读者呈现出一幅幅鲜活如生且野趣纵横的生动画面，为喧嚣的城市生活提供了另一种参照体系，无疑是其远离尘嚣的心境的折射。

郝鹤君以山水见长，他以其传统笔墨完成了对现代山水的诠释。无论在构图、选材，还是视觉效果的渲染方面，都创造性地在语言变革的基础上，融合传统山水中的浑厚华滋，成为现代岭南山水的一个范本。

邓超华所擅长的人物画中，既有历史上的英雄豪杰，也有现代乡野人物，其题材颇类清代中期广东人物画家苏六朋，但其笔墨则是在传统的意境中融合了现代意趣，高扬了古人所谓"成教化，助人伦"的人物画精神。

梁培龙以近乎夸张变形的水墨人物画驰骋画坛，泼墨加上或红或蓝的色彩点缀，成为其人物画的基本符号。古装人物所折射的是现代人所渐行渐远的古典情怀，同时也是作者所向往的心灵家园的曲折反映。

彭强华善于以厚重的颜色渲染丛林、小镇、春江、夏花、秋山、冬树……以鲜明的色彩给人以视觉冲击，为人们展现了秀美的南方山水，在疏淡中蕴涵遐思，繁复中饱含浓情，是现代都市人所久违的山水知音。

于进海人物画中既有色彩感极强的艺术造型，也有水墨与淡彩相结合的淡雅搭配，浓厚的笔墨与有时浅色的人物相得益彰，无论抚琴、静思，还是怡游、望野，都在一种精心营造的意境中使人物与景致有机结合，天人合一。

江恩莲以描绘古典美人著称。她摒弃了之前所习见的那种艳丽得近乎俗套的仕女造型，以淡雅而略带青艳的色调勾勒出古典美人的恬静、阴柔与淡淡的忧伤，突破时空所限，把人们带回了那个诗意与幽怨的年代。

卢德平的山水颇似西洋画造型。看得出来，他将调色板中的各种颜料慷慨地泼洒于灵秀山川之中，为读者塑造了一幅绚丽多彩的织锦式山水画。他所追求的"形似"将意境暂时遮蔽起来，使人需要在长久的静穆中深味个中的内涵。

孙戈的人物画具有浓郁的南国风情，无论是描绘的芭蕉衬景、海边椰林，还是独有的惠安女、客家妹，都是一种南方沿海地区特有的视觉符号。作者以清新雅致的笔调刻画出的南国风光，透视出阳光与欢快的气息。

刘训宏的山水画以繁密的山林、浓厚的颜色为基调，渲染出山乡的宁静与野趣。他在为秀丽而植被葱郁的南方山水写照。在细腻的笔触中，胸中的开阔与志向一览无遗。

朱颂民的山水以五彩晕染为主，挥洒出变幻万端的各种山势。画面上几乎看不出传统的皴法，更没有明显的高远、平远和深远之分，但却在恣肆淋漓中再现了现代人眼中的山乡与云海。

刘诗东的花卉虽然以艳丽著称，但却并不流俗。无论所绘牡丹、荷花、柑橘、梅花，还是偶一为之的山水，都竭力在世俗化的蓝图中营造脱俗的意境。这种两难的抉择使其在雅俗之间达到一种动态的平衡。

孙景隆所绘之花鸟和小写意山水充溢着一种孩童般的天趣，让人在看似柔弱的笔触中重温了孩提时代的梦想。对比鲜明的色彩又给人以视觉冲击，简洁的用笔则使意境凸显，使读者在周旋于成熟与稚嫩的同时得到心灵的荡涤。

罗渊向以诗书画著称,其山水尤为业界所赞誉。所绘山水和松树以粗笔挥写:山石以北派画风见称,豪放大气,解衣盘礴,在纵横捭阖中展现千里江山的雄壮与豪迈。画面中常常伴以红日东升,云海缭绕,则使平淡的山水被赋以文化内涵,示人以青云直上、步步高升的吉祥寓意。这种构思是隋唐以来民间吉祥文化的一脉相承,在明清时代的山水和花鸟画中时有所见,这正是其山水受人所追捧的主要因素;他所绘松树盘根错节,虬曲劲健,在老辣的用笔中尽显笔墨功夫与练达的生活积累。在吉祥文化中,松树是长寿的代表符号,也是意志坚贞的象征。罗渊所绘之松树,客观上传递了这种信息,成为其绘画的一种标志。

当然,粗略的解读并不妨碍我们静下心来认真地去感受每一幅画所蕴涵的作者情思。希望这种浮光掠影式的阅读能成为读者进一步体验个中三昧的注脚,同时也为我们认识画家心中的自然及其所高扬的艺术精神提供参考。

我想,如果真是这样,撰写此序的初衷便已达到。

2010年初秋于穗城东垣之四十三方斋

(此文系为《天地方圆·中国画作品集》所作序,中国文艺出版社,2010年9月出版)

艺可以说

——《书画印的象与神》序

书画印作为"艺",在士大夫眼中,一直被视作"雕虫小技,丈夫不为"。然士大夫虽不专门为之,却终其一生,不离不弃,成为修身养性、升堂入室的必由之径。远自王维、苏轼、米芾、倪瓒……近至文徵明、徐渭、郑燮、任伯年、吴昌硕、启功、谢稚柳……由文人而兼擅书画,甚而成为专业书画家。书画印一道,于传统文人不是万能的;然离此一道,却是万万不能的。以故历数百代文人,或临池不辍,或雅擅丹青,或专精篆刻,或多艺融通者。中国文人发展的历史,或可谓书画印相濡以染的历史。

谷卿以青年才俊,精通诗文,更兼擅书画印,可称其为渐行渐远的传统文人之缩影。古风去来,以身作则,抒写传统文人的笔情墨趣。创作之外,谷卿更有感而发,于书画印颇多真知灼见。读其新著,与历来所见之艺术史迥异,又非近年流行之"戏说"历史风格,是其"史"与"论"相结合,"史"中有"论","论"中带"史",如在瓜田李下听智者讲古今,娓娓道来,沁人心脾。

　　书画印之历史不好写，原因在于自晚近以来，海内外学者多有鸿篇巨制，使人望之却步。谷卿不入旧套，也不作怪异之论，而是反其道而行之，独辟蹊径，以自己独有的对书画印的认知，阐幽发微，并辅之以"想象"，示人以门径，无论专业人士，抑或贩夫走卒，或将有所得焉。

　　此书之魅力，即在于说出"艺"之浅显蕴涵，深入而浅出，不作惊世之论。谷卿以美学之本行，融汇于书画印中，旁及宗教信仰、法度准则，均说出其关联之处、个中三昧，读之如品清茗，回味有时。

　　我与谷卿认识多年，燕粤两地，时相往还。今欣闻其大著梓行，遂慨然命笔，以记先睹为快之感。

2015年12月时客穗城东垣之意居室

（谷卿《书画印的象与神》，长春出版社，2016年5月出版）

《黎雄才作品珍赏集》序

黎雄才作品在公库所藏算是比较完备了,前几年我参与《黎雄才全集》的编撰时便有此体会。但今次看到呈现在观者眼前的民间所藏黎雄才作品时,还是颠覆了我的认识。在这批作品中,有黎雄才早年的临习画稿,也有盛年的成熟之作,更有晚年的老辣名品。从题材上,有山水,也有人物、花鸟,更有其擅长的松树,还有晚年极为钟爱的书法。从技法上,有工笔,也有写意,还有极为少见的白描。这些不同时期、不同题材、不同面貌的作品,完整地呈现了黎雄才艺术嬗变与演进的历程,为我们全面认识黎雄才的艺术成就提供了参考依据。

在以往的经验中,收藏者往往多关注黎雄才的松树、山水,对其人物、花鸟则较少涉及。这批作品的特出之处在于"人无我有""人有我精",因而使得黎雄才的艺术形象变得丰满而立体。黄宾虹在鉴赏书画时反复强调一定要"真精新",这批黎雄才作品,确乎可当得这一标准。我想,对于研究和收藏黎雄才书画者来说,这些作品无疑充当了一个范本;而对于普通观者来说,却是大饱眼福的机缘。就笔者寓目所及,这在黎雄才作品的私藏体系中,算是并不多见的。

2019年3月于京华之梧轩

（《黎雄才作品珍赏集》，德昌中艺，2019年印行）

《粤海艺丛》（第二辑）卷首语

当《粤海艺丛》第一辑被摆上图书馆、书店或到达学者们手中之时，确乎给大家带来了一些惊喜。来自北京、上海、广州、南京、香港及海外的不少学者来信或来电表示对本刊的高度关注和赞许，使我们感到由衷的欣慰。

和第一辑全部约稿不同的是，本辑是以重点约稿和社会投稿相结合，因此在选择稿件方面给了我们很大的空间。

在"热点·观点"部分，冯远以其文联领导和美术家身份，接受本刊特约记者专访，对传统文化与创新的关系、美术教育体制、如何构建艺术审美价值观、艺术市场、美术爱好与文化责任等方面谈了自己的看法，发人之所未言；刘斯奋同样以文联领导和美术家身份，梳理了近百年中国美术的变局、中国画面临的时代挑战后提出回归与重振中国艺术的"道统"。中国美术馆副馆长、中国美协理论委员会副主任梁江《荡起科学与艺术的双桨》指出艺术和科学是互动的关系，二者所高扬的正是推动人类数千年文明前行的创造精神；刘一行的《"文人画"是艺术评语而非风格流派》和张演钦的《文人画的新解释》则再次对文人画的内涵及其时代意义做出新的诠释。

从本辑起，"粤海观澜"栏目除坚持推出岭南地区美术史研究的主打文章外，将专设"岭南画库"专辑。"岭南画库"是广东人文艺术研究会主持编撰的一套大型美术丛书。丛书以历史发展为线索，以个人或流派为单元，系统介绍岭南历代主要画家及其代表作品。所收画作均为海内外公私收藏中的精品，所刊的文字则为目前岭南美术史研究最新的学术成果。本辑所收朱万章、余辉、单小英、梁基永、李志纲的五篇文章，便是从首批"岭南画库"中择要选刊的。

此外，中国国家博物馆副馆长、中国美协理论委员会副主任陈履生的《黄君璧论》和上海博物馆研究员陶喻之的《关于海派书画对广东画坛的影响》则站在广东以外地区看广东美术与美术家，其开阔的眼界给广东美术史研究带来新的气息。

"艺术史视野"中，祁小春的《论"媚"》发现唐人曾用"媚"以及与"媚"字相近的语词讥评王羲之书法，而"媚"在古典文艺理论中又是一个十分重要的概念，作者就此现象以及所带来的问题展开论述；朱良志的《云林幽绝处》从美学的角度，对倪云林画中所体现出的幽深、幽远、幽静、幽秀等意境条分缕析；薛永年的《晚清金石拓片与书画结合的博古画》是对出现于十九世纪末二十世纪初的全形金石拓片上绘制花卉蔬果的博古画的深入研究，为我们认识这个独特的艺术品种提供了参照；杭春晓的《激进、保守之外的第三种路线：温和、渐进式文化改良——由民初北京地区传统派画面中的非传统因素论起》和洪再新的《"中国画的至宝"——齐白石研究外文文献叙要》从新的视野论述了北京画坛中的非传统因素及齐白石在海外的影响,均为发人之所未发;其他如任军伟的《舍形悦影:徐渭画学的一个重心》、李超的《明清之际江南地区的西画东渐现象》、万新华《在政治与艺术的夹缝中——傅抱石晚年心路历程试探》等都是从不同角度对自己所关注的艺术史领域提出新的见解。

从本辑起,《粤海艺丛》改由《粤海风》杂志刊号公开发行,仍然为一年一辑。希望得到学界同仁一如既往的关注与支持!

2011年3月时客京华

［朱万章主编《粤海艺丛》(第二辑),《粤海风》杂志社,2010年出版］

《粤海艺丛》(第三辑)卷首语

两年以来,《粤海艺丛》在美术史学界、书画鉴藏界及文博界广泛流通并获得好评,不少著名学者在关注、赐稿的同时,都对本刊给予勉励。中国美术馆副馆长、中国美协理论委员会副主任梁江以"学术渊薮,文化岭南"来概括本刊;中国国家博物馆副馆长、中国美协理论委员会副主任陈履生认为本刊:"鹤立鸡群,是现代社会中新出土的陈年老酒。开卷清香四溢,浓厚而有余味,字里行间,严谨处透露出独自追求,为当今之孤芳。"这既是对本刊坚守学术传统的肯定,也是对我们的鞭策与鼓励;美国学者洪再新则指出:"贵刊的特色如何强化,关键还是三层关系的深入研讨,广东各地县区的关系,广东与全国的关系,以及广东和世界的关系。这不仅是在美术史一端,而可以从全方位展开,格局就做大了。"这是对我们寄予厚望……无论是鼓励还是寄予厚望,都成为我们一如既往地办好本刊的原动力。

"热点与观点"中,卢延光的《变法与复兴——意大利文艺复兴新观察》指出"复古以开新","信仰系统的改革与开新正是重中之重";陈履生的《1958年的中国美术景观：以林风眠为个案》以一个特殊时期的林风眠艺术为例，揭示出主流意识形态下具有"独创精神"的画家所经历的境遇及一个时代的弊端；梁江的《黎雄才：从岭南画派到20世纪中国画》重新定位黎雄才在二十世纪中国画坛的地位：继承和发展了岭南画派的艺术；创作了经典作品，丰富了二十世纪山水画的表现力；为新美术教育体系提供了经验。

"粤海观澜"中，李若晴的《〈曾宾谷长寿寺修禊图〉考析》以一件作品为例，厘清一段鲜为人知的史实，"为将来的深入研究提供一个基础"。《岭南画库》丛书首批五本出版后，在学术界引发热议，不少学者认为丛书的出版，不仅开拓了区域美术史研究的新视野，更为其他地区的地方美术史研究提供了参考范本。因此，本辑特刊发《颜宗》《张穆》《黎简》三书的评论，据此可看出个案研究在区域美术史探究中的意义。与此同时，第二批丛书亦在紧锣密鼓编辑中。本辑选刊廖陵儿、黄民驹的《廖冰兄漫画琐议》，蔡涛的《梁锡鸿与中华独立美术协会》和黄挺的《乡山想象：佃介眉绘画的一个侧面》，便是分别从《廖冰兄》《梁锡鸿》《佃介眉》三书中精选出来的，读者可先睹为快。

本辑的"艺术史视野"一改以往重"史"轻"论"的局面，推出周积寅的《墨竹画起源及其理论探赜》、张曼华的《中国画风格中的奇正观蠡测》和张建军的《中国绘画"逸品"论的历史考察与观念辨析》三篇画论文章，试图为读者从另一角度解析中国画的内在精神。当然，艺史研究始终是本刊力推的重点，希望通过史料的疏理、精准的考证、新资料的发掘等建立在史实基础上的研究来弘扬一种严谨的治学传统。本辑所刊仇春霞的《水墨画的发生与早期形态研究》、朱亮亮的《考辨米氏"黻""芾"改名之原因及其心性探寻》和钟耕略的《心灵的视象：现实与非现实之间——余承尧绘画艺术的启示》便是这种理念的践行。

《粤海艺丛》不仅是南中国地区美术史研究者的重要阵地，更是全球中国美术史研究的一个重要平台。希望借助各位学界朋友的鼎力支持，共同来推进区域文化与中国艺术史的探索与发展。

2011年12月圣诞前夕于广州

［朱万章主编《粤海艺丛》（第三辑），《粤海风》杂志社，2012年出版］

《艺术史家的艺术》（第一回）序

历来长于画论者，多擅丹青，如宋朝的郭熙，不独有《林泉高致集》立言，更有山水杰作行世；董其昌以绘画与画论驰名，堪称双绝。近世以降，但凡治艺术史者，多雅擅翰墨，又或以画艺知著者，深于著书立说，如陈师曾、黄宾虹、郑昶、俞剑华、傅抱石等，均为双绝之楷模。然则二十世纪中叶迄今，因分工愈细，而艺术史家与艺术多有分离。举目可见，擅绘者，未见学说；而治学者，亦鲜能挥翰。有感于此，桂省同仁张明兄相约邀集海内艺术史家而兼擅绘事者，坐而论道，阐幽发微，同时亦展示其艺术佳构，因而便会聚当今艺术史学界之英才若干，自选论题，各呈画作，玉成论坛与展事。所谓"学"中有"艺"，"艺"中见"学"，在此论坛与展事中，得之矣。究其初心，非敢遥接前贤，祖述先德，实乃倡导知行合一，学艺融通，以启来者。

诸位艺术史家，均在各自领域探骊得珠，粲然可观。有治古史者，亦有谈今学者；有深谙画论者，亦有长于鉴藏者，更或有治学而兼授业者。以年龄论，既有学苑之耆宿，亦有后起之俊彦。往日诸公，多评骘他人之作，指点江山，激扬文字。非谓其噀玉喷珠，为月旦之评，但亦可称自出机杼，未遑多让。而其自身艺术风采，往往为学名所掩，鲜为人知。今次展事，或为他者提供訾议其艺之良机，更为学界呈现其另类视角。其艺术者，有国画，亦有油画；有绘画，亦有书法。论坛无提纲，画作无挈领，随心所欲，无拘无碍，据此或可略窥当下学艺之一斑。

余应张明兄之约，却之不恭，遂不揣谫陋，胡诌数言，藉此祝同道博雅学业精进，画树长春！

戊戌秋杪时客京华

（《艺术史家的艺术：中国当代美术史论家艺术作品展作品集》，广西师范大学出版社美术馆，2018年11月）

《艺术史家的艺术》（第二回）序

艺术史家的艺术，在举办第一届时，在业内外引发广泛的关注和热议。很多艺术史学者，人们很早就读到他的论著，尤其是对后学如吾辈者，是捧着他们的著作进入美术史领域的。但令人惊讶的是，没想到他们还雅擅丹青或临池，以独有的笔墨技巧践行着艺术理念，使人耳目一新。今年是第二届，很显然，主事者秉承了上一届的良好传统，却又独辟蹊径，别开一生面。从年龄构成看，上一届年长与年少者相差三十九岁，而这一届相差达五十一岁，真正做到了"群贤毕至，少长咸集"，更可谓承传有序，方兴未艾。在艺术史家中，既有年高德劭者，亦有初出茅庐者；既有西方美术史学者，亦有中国艺术史家。就作品类别而言，既有中国画，亦有水彩画，还有书法；就中国画而论，既有花鸟、山水，亦有人物；就技法而言，既有大写意，亦有小写意，更有小工笔。因此，无论就艺术史家的构成，还是绘画内容，都突出了一个"新"字，这是本届艺术雅集的一大特点。

记得我刚入美术史研究与书画鉴定行当时，很荣幸有机会亲承启功、徐邦达、刘九庵、苏庚春、杨仁恺等前贤教泽。他们不断告诫我，做研究之余，必得拿起笔来，要勤写字，多画画，惟其如此，方能深味前人笔墨的得失，这样鉴定起书画或品评艺术，才会有的放矢，不至于隔靴搔痒。这确乎是老一辈的经验之谈，也是度人金针，成为晚辈研学之楷式。艺术史研究与染翰，互为促进，相互融合，相信对大多数艺术史家而言，都会有切肤之感。当然，也有不少艺术史家早年即是以艺术家身份介入学术研究而卓有所成的，这应该更有深切体悟了。

诸位艺术史家，多以论述安身立命，其书法或绘画，往往成书斋自赏的雅物，现得以荟萃一堂，化私为公，进入大众视野，可谓适得其所。正因其多以学术擅场，故其艺术不为藩篱所囿，随心所欲，因而独抒胸臆，优劣互见，当为方家所明鉴。在时疫肆虐的庚子年，筹备此展殊不易，四方学者，雅聚于漓江之滨更不易，但无论如何，躬逢其盛，乐见其成，不论对作者还是观者来说，这个展览能成功举办，都是一件值得铭刻的雅事。

2020年10月于京城

（《艺术史家的艺术：第二届中国当代美术史论家艺术作品展》，广西师范大学出版社美术馆，2020年10月）

"岭南名家画丛"总序

史书记载岭南最早的画家,当推唐代南海的张询。张询以擅画雪景山水著称,在中国山水画史上有一定地位,可惜并无画迹行世。南宋书画家白玉蟾以擅画梅花鸣于世,对"扬州画派"的金农影响甚巨,所憾亦无画作传世。

岭南地区的绘画,真正得到长足发展且有画迹传世者,是在明清时代的事。明代永乐、景泰年间的颜宗,承继宋元遗韵,长于远景山水,唯一传世的《湖山平远图》(广东省博物馆藏)是目前所见最早的广东绘画。弟子林良青出于蓝,供职于宫廷,其继承并发扬光大的花鸟画代表了明中期宫廷绘画的最高水平。

明末至清早期,岭南画坛人才辈出,各领风骚。东莞袁登道写米氏云烟山水,张穆以鹰马见长,新会高俨、佛山赖镜以山水名世,香山伍瑞隆以水墨牡丹,顺德彭睿壦以水墨兰竹,番禺汪后来继承"新安画派"遗风,等等,成为一道亮丽的风景线。

清代乾、嘉以降,岭南画家以诗书画"三绝"著称者不计其数,其中尤以黎简、谢兰生最为典型。二人皆有诗文集行世，绘画并以山水见长，旁涉花鸟，书法则行、草、隶楷兼善，又兼擅治印。与黎、谢先后扬名的书画家有甘天宠、冯敏昌、张锦芳、吴荣光、黄丹书、梁蔼如等。甘天宠擅花鸟，冯敏昌、吴荣光、黄丹书、梁蔼如兼善山水，张锦芳工梅花。道、咸年间，苏六朋、苏仁山的风俗人物画开创了岭南绘画的新局面，不啻名垂岭南画史，即使跻身全国画坛，也是不输于人。

晚清岭南画坛，是花鸟画极为繁荣的时代。以居巢、居廉为主导的花鸟画家，代表了这一时期岭南绘画的最高成就，他们继承并高扬的撞水撞粉之法对晚清至民国时期的岭南花鸟画产生重大影响。居廉的后期弟子高剑父、陈树人及其高剑父胞弟高奇峰等创立了折衷中西的"岭南画派"，与活跃于华东地区的"海上画派"、华北地区的"京津画派"前后辉映，形成近代中国绘画史上三足鼎立的形势。"二高"的传人黄少强、何漆园、赵少昂、叶少秉、容漱石、周一峰、司徒奇、罗竹坪、方人定、李抚虹、伍佩荣、黄独峰、杨善深、黎雄才、关山月、黎葛民等高举"岭南画派"的革新旗帜，影响一直延续至今。与此同时，以国画研究会为主流的一批坚守传统阵地的画家如潘和、姚粟若、黄般若、邓芬、罗艮斋、李耀屏、卢镇寰、黄君璧、黄少梅、张谷雏、卢观海、何冠五、卢子枢、赵浩公等，与"岭南画派"并驾齐驱，成为近代岭南画坛又一支生力军，他们的影响也是深远的。

不难看出，岭南绘画经历了发轫、发展与兴盛时期，形成了今天蓬勃向上的气势。鉴于此，岭南美术出版社本着弘扬桑梓文化、借古鉴今的精神遴选岭南地区不同时期具代表性的画家数人，约请相关领域的资深专家学者撰写专文，并精选画家代表作梓行，希望为专业人士、收藏家和美术爱好者提供更多可资参照的第一手资料。丛书中不少画作和论文乃首次公开发表，因此也代表了岭南美术史研究的最新成果。

吾生已晚，阅历所限，作为第一套专门研究岭南画家的丛书，作为岭南美术史研究的一个转折点，相信经过岁月的冲蚀之后，这套丛书必将为未来美术史研究留下许多可堪回忆的亮点。

2003年9月于羊城之聚梧轩

（此文是应岭南美术出版社之约为其策划的"岭南名家画丛"系列丛书撰写的总序，后因各种原因，此套书未能付梓，故存此以志鸿爪）

《清风徐来:绛云草堂藏清代扇面集》序言

绛云草堂是小友胡瑶君的斋号。胡瑶君年少眼明,浸淫于书画鉴藏经年,练就一双法眼,以故大凡经其庋藏者,多真且具特色。其所藏书画,或人无我有,或以乡邦为宗,更或为冷名偏僻之人,实为正统美术史之外,拾遗补阙,别树一帜。

近闻胡瑶君有梓行藏扇之举,索序于我,遂欣然命笔,以志观感。其扇面佳品,多为清人之属。虽非大家,但亦可圈可点。宋骏业师从王翚,其笔法气韵,得乃师之神,有论者谓其"清韵可挹",于其山水小品,即可略窥一斑;王学浩仿宋元人青绿法小品,用笔劲健,气象森茂,可与"四王"相颉颃,其被誉为"画苑中健将",诚非虚名;潘恭寿临仿王翚之作,实则为王氏仿自米芾,故画中米氏云烟山水,尤为显著。潘氏向以吴派文氏为宗,此画或可证其博采诸家,不拘一格;朱昂之所写梅花蕉叶,恣肆淋漓,颇有青藤韵致,而其仿黄鹤山樵之作,在劲峭之余,淹润醇厚;翟大坤仿古山水,虽云追踪荆关笔意,但仍吮石田法乳,得沈氏粗犷之笔,有苍劲之致;潘振镛绘摇橹仕女,写唐人诗意,体态婀娜,柔弱秀美,诗情与画境交融，得费晓楼妍雅之韵；费晓楼之子费以群写高士仕女，粗笔中见淡雅，承其家法；包栋写幽篁高士，琅玕寿石，抚琴林下，乃雅人深致，而高士形象，得老莲遗韵，画中意境，则源自新罗，而新意出之；姜筠山水团扇三帧，仿古摹古，乃一时风气使然，其时绢本团扇多见，书画兼然，于兹可见。他若顾沄之松竹石团扇、彭蕴章与汪昉之山水团扇等，皆属此类，多以古法取之，推陈出新。晚清以降，海派崛起，钱慧安以人物擅长，沙山春以人物、花鸟知著。前者之仕女婴孩，赋色浅灰，而无俗韵，颇具年画之装饰性；后者之人物松鹤，用笔细腻，融艳冶与清新于一体，雅俗共赏。

  书扇方面，数量虽稍逊于画篓，然究其质而言，则未遑多让。清圣祖康熙崇尚董书，"海内真迹，搜访殆尽"，其临董之扇，遗貌取神，结体修长且瘦硬，与习见之书稍异；张问陶以诗文见称一时，书法于其时专研金石碑版之风中，独辟蹊径，得米氏余风，杨守敬谓其"不师古而无不合于古"，读其拟《华严经》扇面，则可知古韵未足而己意凸显，或正是其特立书坛之故；谢兰生行书《诗品》二则，冶颜书与东坡于一炉，灵动隽永；郭尚先行书东坡诗引，兼具颜书与董书基因，秀逸跌宕，无彼时习气；陆润庠之书，有馆阁之习，其行书《节东台山池赋》即是如此，而不失己意；梁鼎芬行书《焦山诗》，细劲灵秀，转折有度，于晚清学者之书，别开一生面。

  胡瑶君搜集诸扇，其文献性重于艺术性，故其片缣寸楮，无不印证一时一地一人之艺术生态，据此探研清中以降书画嬗变历程，当可丰赡画史，泽被后学。昔有钱牧斋之绛云楼，富藏典籍，名冠东南，今则有胡氏绛云草堂，搜求稀缺罕睹之书画，虽不能后先辉映，亦可见其遥遥相挈之想，故乐观其见贤思齐之举，遂不揣谫陋，援笔为序，以为嘉许之意。

丁酉岁杪于京城梧轩之南窗

（胡瑶主编《清风徐来：绛云草堂藏清代扇面集》，中国今日美术馆出版社有限公司，2018年4月出版）

《江阳高致——泸州三百年名人翰墨集》序言

以区域美术为主题的书画搜集及梓行,近十数年来,在收藏界及学术界,都成为一种热潮。究其原因,主流美术的关注度虽然保持恒久的热度,但区域美术则在一定程度上丰富和完善了主流美术。因区域美术中的艺术家文献及作品,若离开本地,则极为难觅,故若能广播于众,则对于学界,自然是难得的查漏补缺的好机会,而对于收藏家来说,却也能提供参照的范本。因此,就我个人而言,但凡遇到各地的乡贤书画付梓,总是欣喜有加,必收入书斋而后快。近日欣闻蜀地泸州也有此举,故喜悦之情难以自禁,因而主事者胡瑶君索序于余,也就慨然应允,乐而为之了。

就主流美术而言,属泸州里籍的书画名家并不多。就笔者有限的阅历,知道能在美术史中占有一席之地的泸州籍书画名家多集中在二十世纪,大抵有蒋兆和、吴丈蜀和王朝闻等。蒋兆和(1904—1986)以人物画见长,将素描与传统人物画的线条相结合,开创了人物画新风。他为历代名人造像,也关注现实题材,是二十世纪人物画的重要人物之一。他的《姜茂琴同志像》《李白像》《茅以升像》均融合了中西画法,在色彩与线条方面迥别于传统人物画。在人物之外，蒋兆和的《迎春》反映其在花鸟画方面的艺术造诣。此图用笔简洁，构图空灵，意笔草草而趣味横生，显示其迥异于人物画的笔情墨趣。王朝闻（1909—2004）以文艺理论、美学和雕塑著称，其书法随心所欲，不囿于成法。吴丈蜀（1919—2006）是文学史家，以学者而兼擅书法，其书不拘一格，以学术专研而临池，故无法而法，底蕴醇厚，为当代学者书法的典范。三人都在各自的领域名重一时，成为泸州籍书画的表表者。与三人大致同时的书画家尚有诗书画兼擅的陈铸、张静涛，兼擅书法的万慎、阴懋德，以书法见称的王少溪和善绘画的蒲雨庵、萧琼、曾一鲁、屈义林、刘止庸。而在明清时期，以书画鸣世的泸州籍人士也代不乏人，如以书法擅长的先著、何飞凤、华国清、江维瑛、陈本植、孙烃、徐敏中、李超琼、李春芳、施建章、施典章和擅绘事的黄云鹤、徐明等。值得一提的是，在晚清以来，泸州出现家族式书画家的现象，如以绘画著称的过长卿、过长义、过长育兄弟及过长义之子过显五和凌成竹、凌子风姐妹，以书法见长的高树、高枬、高楷兄弟及高树之子高铎等，成为这一时期的典型特色。

作为一个西南重镇，自古以来，泸州也成为文人墨客流寓或游宦之地。明清时期，有诗人兼书法家王士禛、何绍基、张之洞、卓秉恬，画家高其佩和诗书画兼擅的张问陶等。他们不仅留下墨宝，对当地的文化发展都产生一定的影响。这种现象，在二十世纪上半叶，就更为突出。由于泸州地处内陆，远离战争中心，故很多书画家都有过在泸州驻足的痕迹并留下作品,如兼擅书法的赵藩、赵熙、蔡锷、章士钊、潘伯鹰、黄炎培和画家黄宾虹、丰子恺等。其中,黄宾虹的《泸州山水图》以其在泸州旅行时舟中所见景致入笔,秉承了一贯的浑厚与淹润的笔墨风格,是其写生与写意的结合,反映其晚年老辣、练达的意境。黄宾虹的山水画,不少以实景山水为主题,但其呈现出来的,则是其胸中臆气的山川灵秀之气,这在《泸州山水图》中表现最为明显。此外,黄宾虹的写生山水,多以安徽及江浙一带为主,巴蜀山水并不多见,此画乃其传世之作较为罕见者。丰子恺的山水和书法也都是以泸州风物为主题,其画所绘一人骑行于山水松石间,作者所题"历尽险阻,适彼乐土,癸未年春客泸州作此",反映其离乱之年徜徉于泸州山水的心境,这与其书法中所言"西南漂泊老风尘,来学成都卖卜人。昨夜泸州江上望,一轮明月照江心"有异曲同工之处。

画集中的多数作品,均为首次出版,不仅对了解乡邦文化,提供丰富的第一手资料,对于夯实美术史研究根基,也都不可小觑。作为一个土生土长的蜀人,虽身在蜀外,却无时不在关注蜀地的文化动向。今见此画集编成,确乎是一件令人欣慰的喜事。古人常说的"乐不思蜀",在我看来,先是对该画集先睹为快,再念想到家山风貌,而今应该改为乐而思"蜀"才是!

2020年10月29日于京城之北四环中路

(《江阳高致——泸州三百年名人翰墨集》,文物出版社即将出版)

吴盛源的山川气象

我和当代画家的相识、相交大抵有两种模式：一是先知其画，然后因某种机缘而相识；二是先识其人，再慢慢熟悉其画。唯独对于山水画家吴盛源的认知超越了这两种模式。我先是于三年前在广州认识其女公子吴嘉茵。当时应某私立美术馆之邀，参加吴嘉茵的书法展览并即兴致辞。吴嘉茵的书法清秀雅致，一如其人，给我留下深刻的印象。后来在北京，我们又见过至少两次，每次都谈到其父的画。吴嘉茵随后给我寄来了他父亲的画册，并发来最新创作的绘画图版，并说近期有梓行画集的打算，希望我能为其父写点什么。自此，对画家吴盛源及其画迹便开始有了较为清晰的印记。

说来有趣，因疫情而赋闲在家的某一天，突然接到广州山水画家区广安来电，说他此刻正在广东潮阳，在其老师吴盛源家，说起出版画集的事，希望我们能通个话说几句。我隔空与吴盛源先生通话，听着他带着浓厚潮汕口音的普通话，声音洪亮而浑厚，很有一种睽违已久的亲切感。由此看来，我和吴盛源先生虽然素未谋面，却是缘分不浅，因而翻着他的画集，再回味其醇厚的话语，自然便有一种文思泉涌的冲动。

因为地缘因素及航海之便,近代以来的广东潮汕籍画家,大多有一个传统,就是都有直接或间接受"海上画派"画风影响的经历,如孙星阁、孙裴谷、王显诏、王兰若、刘昌潮等人即是其例,吴盛源自然也不例外。在其艺术生涯中,他曾师从陈世霖(1919—1993),而陈早年就读于上海新华艺专,跟从王师子、汪亚尘和唐云等学画,故在吴盛源的绘画源流中,早年仍然有着"海上画派"的艺术基因。和其他潮汕画家不同的是,吴盛源又曾师承广东"国画研究会"的代表画家卢振寰(1889—1979)和卢子枢(1900—1978)。"二卢"都是浸淫于古风的山水画家,画风以宋元诸家为依归,秉承"四王"以来的画学传统,画兼北派与南派之风,故在吴盛源的画学渊源中,又不乏深厚的传统功力。和很多科班出身的新时代画家一样,吴盛源曾就读于广州美术学院国画系。在求学期间,他曾跟随黎雄才、关山月、李国华、刘济荣、陈金章、梁世雄等习画。很显然,从吴盛源的艺术历程不难看出,他是取法诸家,博采众长。惟其如此,在其山水画中,不为一家一法所囿,因而其个性反而愈显凸出。

吴盛源的山水画,并无传统山水画中显而易见的皴法。他熔铸了现代绘画语言,以厚重笔墨勾染山川,在画面中往往呈现出"黑"与"白"及其他色彩的视觉反差,颜色重,对比强烈,其可视效果明显。他又以浓淡相宜的水墨,加上各类水彩式的颜料,表现出一望无际的海景、山花烂漫的乡村、重峦起伏的山居、古榕交错的水乡、白云深处的人家、飞瀑流泻的深山、雾霭朦胧的绿野、波涛汹涌的海浪、云烟缭绕的深林以及水天一色的南国乡居。在其山水画中，其古松可见黎雄才影响的痕迹，而木棉及绿树则又有关山月的影子，但终其笔墨，则完全脱去窠臼，已然成为自家笔墨，这对于一个山水画家来说，无疑是极为难得的。

吴盛源的老师关山月曾说："大胆落笔，细心收拾这条中国画的挥写规律，直接体现出中国画画家的形神皆备、势质相彰的追求。"在吴盛源的画中，便能看出这种艺术追求。他的每一幅画，大抵能看出其挥洒自如的落笔，而在谋篇布局和细枝末节中，却又看出其"细心收拾"的笔触。他的画，有细致入微之笔，也有粗犷挥写之笔；有大写意，也有小工笔。在其笔下，他表现出南国水乡特有的草木葱荣与清新自然，他将火红的木棉、繁茂的榕树、虬曲的古松、深绿的芭蕉、雪白的梨花、浅红的杏林和淡黄的柳树融入其山水中，彰显其浑厚与华滋的山水风貌；他又将晚归的牧牛、摇曳的渔舟以及榕荫下劳作或休憩的乡亲尽入画中，展现其南方山水特有的灵秀与活力。他的画有来自于写生，目之所及，便成笔之所至，故其山水，实则为写生佳趣。吴盛源长期生活在潮汕地区，在其笔下，更多地体现出这种挥之不去的家山情怀。他的画，也有来自于对前人的传移摹写，有溪山行旅，也有山樵暮归，但就其笔墨情趣来看，并无传统山水之痕。在其笔墨中，仍然依稀可见其一以贯之的语言变革。尤为难得的是，虽然吴盛源长期生活在岭南，但其画并未拘泥于岭南风貌。他的山水，其崇山峻岭的深远和高远之貌，分明又不乏北方山水的雄浑与壮美。

值得关注的是，吴盛源擅以枯笔焦墨写山石，峰峦叠嶂，给人以遒劲厚实之感。他又以水墨淋漓之笔写草木，故能在雄奇之外，亦可见秀润。至于以不同的南方风物混搭于千变万化的山水中，更见其游刃有余的艺术造诣。他习惯将各类色彩或连成一片，或点缀其间，成为深色山川的一抹亮色，为其画平添斑斓多彩的艺术效果。

虽然暂时无缘识荆，但透过其具有旺盛生命力的山水画，似乎已见到笃实、稳健与挥斥方遒的吴盛源形象。绘画无界，他借助笔墨与世界交流。他透过其精心构筑的艺术世界，传递了所思、所想。在其画中，我们看到了孜孜矻矻的探索痕迹，看到了他眼中与心中融为一体的山水，更看到了一个老骥伏枥、不懈精进的艺术家的生命意志。当然，也看到了一个笔耕不辍的山水画家渐入佳境的艺术嬗变。

2020年11月14日于京城之柳南小舍

（此系为《余园——吴盛源书画作品选集》所作序，中国文艺家出版社，2020年12月出版）

卷二　自著序跋

《岭南金石书法论丛》后记

二十世纪八十年代以来,区域史的研究成为一个热门课题。相应地,区域美术史的研究逐渐被提上议题。广东方面,除前辈学者如汪兆镛、叶恭绰、简又文、冼玉清、容庚、汪宗衍、马国权等早已成果丰硕外,谢文勇的《广东画人录》、陈永正的《岭南书法史》、姜伯勤的《石濂大汕与澳门禅史——清初岭南禅学史研究初编》、李公明的《广东美术史》等也均为广东美术学界提供了极好的范例。

吾于大学历史系毕业后,即供职于广东省博物馆从事有关广东美术史资料的整理与研究工作。因工作之便,有机会接触一些原始的关于广东书画、金石方面的材料,这些资料大多从未面世或鲜为人知。吾浸淫其中,偶有所

朱万章《岭南金石书法论丛》书影

感，遂发诸笔端。日积月累，以至成集。

集中诸文大多曾刊行于香港《大公报·艺林》和广州报刊，另一部分零星见诸岭外报刊。这次出版，做了部分增删。不难看出，拙集中笔者于明清之际的书坛著笔尤多。是时释氏艺术成为岭南文化的一大景观，个中三昧已在艺术之外。这种现象早已引起学界的垂注。笔者从传世书迹入手，并参以诗，试图解析作为书法家的遗民们的心路历程。毋庸讳言，其间需挖掘的宝藏尚多，尤其是藏于各大博物馆"深宫"中来自他们亲笔的法书名画，需要著录、整理以及梓行的作品极多。拙集抛砖引玉，希冀有裨于艺术研究与治史者，也希望有更多好事者参与到乡邦文献、文物的研究与整理中来。

拙集在写作中，得到全国文物鉴定委员会委员、著名书画鉴定家苏庚春先生和原广东省博物馆保管部副主任单晓英的指导，版本、钱币专家王贵忱、中山大学历史系教授姜伯勤、广东省博物馆杨式挺先生等惠示有关资料，广州美术学院教授李公明、"岭南画派"研究室李伟铭先生自始至终给予鼓励，中山图书馆特藏部、孙中山文献馆、香港中文大学文物馆、广州美术馆、广东省博物馆同仁及香港翰墨轩主人许礼平先生、鉴藏家何曼庵先生、广州梁基永君、广东美术馆同道蔡涛君等分别提供文献或观摩书画的便利。承蒙"中国当代书法理论家著作丛书"主编黄君先生的厚爱和出版社编辑们的辛勤耕耘，使得本书得以付梓。书法家、古文字学家马国权先生欣然拨冗为本书作序，本馆摄影师在百忙中提供协助。本人所供职单位的领导和同事们的悉心关怀，使得文章资料的查阅在时间上成为可能。

需要特别指出的是，妻子宋敏、妻妹宋方在资料的搜集、整理和电脑编排方面给予的协助，使集中诸文能顺利成章，可以说，每一个字都凝聚着她们辛勤的劳动。她们并分担了我在写作中的苦与乐。

总之，没有大家的协助，拙集的问世几乎是不可能的。

拙书是本人的第一本个人专集。书中诸文难免瑕疵互见，诚恳希望来自各方面的批评。

2000年7月16日晚于穗城之聚梧轩时东方既白

（朱万章《岭南金石书法论丛》，文化艺术出版社，2001年4月出版）

《六朋画事》后记

自上世纪九十年代末以来，本人相继将有关费时十数年搜集的有关中国绘画史资料撰写成书，它们分别是《陈师曾》《担当》《石溪》，并且已由河北教育出版社印行。在撰文过程中，发现对于很多在美术史上已经有很高地位的画家，他们的生平事迹与艺术活动仍然是扑朔迷离，更遑论那些并不具有很高地位的一般画家比如苏六朋了。因此，中国美术史研究面临的问题仍然还是基础性工作。长期以来，笔者一直在做这样的初始工作，并且将自己的兴趣、闲暇与职业融为一体，浸淫于金石书画、浩繁卷帙中。因此也感受到了来自不同方面的快乐，将看似枯燥的劳役转化为无尽的写意生活。这也是撰写本书所得到的最直接的

朱万章《六朋画事》书影

人生体验。

  本书从撰稿到梓行，历时年余，其间文物出版社编辑崔陟君出力尤多；本人所供职的广东省博物馆创造了良好的学术环境，广东文献馆的同仁提供查阅资料的便利，香港中文大学文物馆的李志纲君惠示有关图版，等等，没有他们的慷慨协助，本书的完成是不可想象的。我对他们的感激是诚挚的。

  2003年9月16日深夜于广州东垣之水荫小筑

（朱万章《六朋画事》，文物出版社，2003年12月出版）

《岭南书法》后记

我从事岭南书法研究已有十余年的时间。在此之前，先后出版《岭南金石书法论丛》和《广东传世书迹知见录》，并参与主编《广东历代书法展览精品集》《广东历代书法图录》《岭南书学研究论文集》《高奇峰·天风七子书画集》等论著和图录，但这些出版物大多面向专业人士，其影响也是有限的。

朱万章《岭南书法》书影

适逢岭南文库拟出版一套"岭南文化知识书系"，向全社会推介岭南文化，于是遂将既往关于岭南书法的研究以尽可能浅显、简约的形式表达出来，希冀能引起更多的人对于岭南书法的关注。

古代的岭南书法，虽然不能和同时期的中原、江左等并驾齐驱，但它的发展有其自身的地域特色。近代以来，岭南书法融入中国书法发展的主流，对于这一时期的重要个案的探讨，无疑有助于认识大环境下的岭南书法状态。本书即是以这两个时期为分水岭，对宋代以来在岭南书法史上产生重要影响的五十余位书家的生平及其艺术成就做全面的绍介。他们中不少人早已耳熟能详，如陈献章、康有为、梁启超；也有不少人则是鲜为人知，如龚章、佃介眉等。研究这些书家，也就是梳理一部完整的岭南书法史。

不难看出，本书只是探讨关于岭南书家中有传世书迹者的历史，由于受体例、篇幅所限，关于碑刻、丛帖以及入粤书家对岭南书法的影响等重要课题尚无法进一步研究，笔者拟以另稿详论。

本书的选题、定稿以及编辑出版，广东人民出版社辛朝毅、沈展云两位学长出力尤多，没有他们的无私襄助，本书的梓行是不可想象的。本人所供职的广东省博物馆所提供的相关资料，使本书的内容得以充实。不少师友所提供的协助使得本书得以顺利完成。我对他们充满着敬佩与谢意！

甲申仲秋于穗城之水荫小筑

（朱万章《岭南书法》，广东人民出版社，2004年出版）

《粤画访古》后记

由于工作职责所限，我的学术领域一直定位于明清以来的书画鉴藏与研究；又由于受地域所限，在所接触的大量的第一手资料中，又以岭南地区的书画为主，所以自2000年以来，先后出版了以广东地区书法为主题的《岭南金石书法论丛》和《广东传世书迹知见录》，算是对既往的书法研究有了一次小结。至于广东绘画，虽然对它的关注与研究与书法同步，而且也写了近50余篇文章，但由于种种原因，除了去年在文物出版社梓行《六朋画事》的个案研究外，一直未能对其做系统整理与出版。是书的付梓即可改变这种现状。

朱万章著《粤画访古》书影

从今年2月份在广州

召开"岭南书学学术研讨会"上与文物出版社的崔陟君初步达成出版意向迄今，整整已有近半年时间。在南方地区绵绵的雨季中，我将十来年撰写之关于"粤画"的文章重新翻出来，如同打开回忆的闸门，往日观摩名画的愉悦、为文之甘苦以及冷暖自知的恬静心态又再次经历，这种感觉恰如当初在大学校园中吟唱美国歌曲《昨日重来》（Yesterday Once More）。写意的撰文体验往往伴随着文章或专著化身千本、万本的四散流布，这种古人望尘莫及的盛事当然会为作者带来一时的虚荣，但其正、负两方面的社会"效益"也是并驾齐驱，所以古人才有"文章千古事，得失寸心知"的告诫。是书之出版，其"得失"恐怕也非笔者"寸心"所能知，还有望于大方之家的削正与教诲。

本书的电脑录入，有赖于内子的辛苦作业，文物出版社崔陟君一如既往的鞭策与激励，本人所供职的广东省博物馆提供了观摩书画与查阅资料的便利……他们的通力协助，使得本书的最终问世成为可能。这种感激无法用苍白的文字表达。

甲申仲夏夜于广州之水荫小筑时年三十有六

（朱万章《粤画访古》，文物出版社，2005年5月出版）

《广东绘画》后记

广东绘画的历史,向来乏人关注。大凡一提起广东绘画,很多人都会认为就是"岭南画派"。其实这是一个美丽的误会。在"岭南画派"以前,广东绘画还有过辉煌的发展历史,从明代的颜宗、林良,清初的遗民画家到清代的黎简、谢兰生、"二苏"、"二居"等,都是在绘画史上可圈可点的风云人物,还有一些不知名和小名的画家,他们共同为繁荣广东绘画做出了杰出贡献。本书的初衷,即是以简洁之笔勾勒出广东绘画发展的大势,让人们更真实地了解广东绘画演进的过程。

由于工作的关系,本人有机会接触到大量的广东画人的作品。在此之前,已有《粤画访古》和《六朋画事》(均为文物出版社出版)行世,并有不少关于

朱万章《广东绘画》书影

广东绘画之专论刊发，但关于通史性质的广东绘画，本书尚属首次。由于受篇幅和体例所限，本书所讨论的广东绘画，下限定在二十世纪四十年代，即1949年以前。所涉及的绘画，以传统意义上的中国画为主。由于本书只能是一部简史，其中挂一漏万及错讹之处在所难免，这是需要大方之家体察和谅解的。

在写作过程中，仍然一如既往地得到各级领导、同事、朋友、家人及出版社、博物馆、图书馆之大力支持，在此不一一具名，一并致以诚挚的谢意。

2006年9月于穗城之明远楼南

（朱万章《广东绘画》，广东人民出版社，2007年5月出版）

《书画的鉴藏与市场》后记

关于书画鉴定和收藏的书刊，虽然不能说是汗牛充栋，但至少也可以称得上不计其数。本书的出版，无疑只是为"其数"中增加一种可让读者选择的机会。尽管如此，笔者还是不揣浅陋，依然应主编陈根远之约捉笔为文。其主要原因有二：一是书中所讲内容大多来自笔者在书画鉴定中的一些经验和心得，此书的出版，正好增加和同道分享和讨教的机会；二是书中的图版，大多系笔者精心搜集于博物馆、美术馆藏品，而且不少乃首次公开发表，可以为书画鉴藏提供更多的参考依据。

笔者自2001年以来，一直在广州美术学院做兼职特聘教授，为美术史系的本科生主讲"中国书画鉴定与收藏"课程，书中

朱万章《书画的鉴藏与市场》书影

的内容不少来自于课程讲义。在授课中,取得了良好的反响,增加了学生们对书画鉴藏知识的认识,希望本书的出版能为更多的爱好者和艺术玩家提供一些阅读启示,同时也让"中国书画鉴定与收藏"的课程得到进一步的完善和提高。诚如是,则笔者为文之初衷至矣。

此书在撰写中,笔者正在香港中文大学做为期半年的访问研究。书中的不少资料来自于大学图书馆丰富的馆藏和大学文物馆的藏品,在此敬申谢意。此外,西安碑林博物馆研究员陈根远兄为本书的框架和思路提出很多专业的意见和建议,山东美术出版社编辑徐妍小姐为本书的出版、校对付出了心血,在此,无法掩饰对他们的感激之情。至于书中因作者的疏忽和学识的浅薄所出现的错漏,还望大方之家不吝指出和谅解。

2006年11月23日时客香江

(朱万章《书画的鉴藏与市场》,山东美术出版社,2008年1月出版)

《岭南近代画史丛稿》后记

美术史告诉我们,十九世纪末二十世纪初是中国画坛较为活跃的昌盛时期。这一时期的京津画坛、海上画坛、岭南画坛,形成了三足鼎立之势,成为中国近代美术的重镇。对岭南画坛这段历史的钩沉、梳理及其文化背景的探索,已经越来越引起近代美术史学界的垂注。笔者自2000年以来即在潜心明清美术之暇,注意搜集近代岭南画史资料,并相继撰写30余篇相关文章刊发于海内外学术刊物。本书的主要内容,即是在这些文章中所遴选。

按文章之体例,本书分为上下两篇。上篇主要为专论,大多为博物馆举办书画展览、出版图录撰写之专文或就某些具有独特历史意义的书画作品、书画家个案展开的学

朱万章《岭南近代画史丛稿》书影

术探讨,其中不少资料乃未曾见或较为罕见;下篇则为书画鉴定和收藏类文章,大多来自于长期摩挲书画之心得体会,有感而发。这两类文章的结集反映了近十年来笔者对近代岭南画史的关注。希望这种集中"展示"能为人们进一步认识近代岭南绘画的发展、嬗变及其影响提供更多的参照。

"锦瑟无端四十弦,一弦一柱思华年。"本书出版之际,恰好是笔者不惑之年。四十年的光景,已经是人生的近一半历程。回首大学毕业以来的近二十年学术生涯,不禁令人百感丛生。书中的很多文章,是在并不具有多少学术研究的条件下写成的。当然,这种"条件"的有利一面也是显而易见的,那就是:自己有足够的时间思考一些问题,包括美术史、思想史、文化背景、人生……在非学术化的氛围中获得学术的体验——相信这种甘苦非深味个中三昧者不能得。这不能不说是撰文之余的最大收获,也是一笔来之不易的精神财富。

作为第二届广东省思想战线"十百千工程"的资助项目,本书的出版得到广东省文化厅领导的大力支持,并得到广东省文物局,广东省文化厅人事处、计财处,广东省博物馆等单位有关领导、同事的支持和帮助。中国艺术研究院美术研究所所长、博士生导师梁江教授在繁重的学术研究、教学和政务之余抽出时间,为本书赐序;香港中文大学文物馆林业强馆长特邀我赴该馆进行为期半年的学术访问,其间获得不少新的资料并使文章得以补充、完善;广州画院的美术史学者吴瑾审校了全书;《收藏·拍卖》

主编宋浩、美编张绮华为本书的出版、编辑、设计等出力尤多；佛山博物馆的郭燕冰女士为本书编辑了人名索引。以上诸家的鼎力协助，使本人感念不已。我的家人长期以来提供了默默无闻的后勤保障，这是所有学术研究能够顺利进行的必要条件。这种感恩无法用简单的文字表达。

由于作者的阅历、思想的局限及其他诸多原因，本书的错谬在所难免。希望本书的出版能为识者明鉴并得以修正。

2007年7月26日于广东省博物馆之明远楼南

（朱万章《岭南近代画史丛稿》，广东教育出版社，2008年1月出版）

《明清广东画史研究》后记

明清广东绘画史的研究在学术界一直未引起足够的重视。造成这种状况的主要原因除了缺乏学术传统外，资料的匮乏、传世作品的鲜见、广东远离美术话语权中心等也是重要因素。因此，在这样一片处女地中，给予后学如吾辈者提供了契机。

本书的撰写时间大致在二十世纪九十年代初到2009年，跨度近二十年。这二十年，是我从事美术史研究和书画鉴定的时间。细心的读者不难看出，文章的撰写风格、资料搜集及其"演变"历程都有明显的不同，这大致可反映出这二十年来我对广东绘画史关注的程度。这些文章，无论是长篇大论，还是千余字的小品文，在捉笔为文时，总是尽可能贯

朱万章《明清广东画史研究》书影

穿着两个理念：一曰新材料的发现，一曰新观点的闪现。这是在大量史料的爬梳及其画迹钩沉的基础上，有感而发。这是笔者在为文时的感触，个中之甘苦相信同道中人自有体会。

书稿的出版计划早在2008年初便确定，原以为将文章搜集起来交付出版便可，但在整理过程中，发现远非如此简单。一方面，由于新材料的发现，许多文章需要修订、增补；另一方面，由于阅历的增加和眼界的不断开阔，以前一些观点和认识也要不断完善和补充。因此，虽然是整理旧作，实质上也是一次再创作的过程。2008年9月，我进入中国艺术研究院攻读美术学博士学位。在就读期间，得以从明清美术史发展的高度重新审视之前对广东绘画的认识，并以"问题意识"作为时时警醒自己研究的深度与广度。这对于整理这部书稿，无疑是具有指导意义的。

书稿整理的近一年时间，是我在中国艺术研究院攻读学位中较为繁忙的时期。在一些强化的专业训练和公共必修课之余，观摩博物馆、美术馆的展览，选择性地参加各类学术活动，到图书馆查阅资料，以及三三两两的同学一起坐而论道，往返于京粤两地……成为游学生涯的主旋律。每到夜深人静的时候，坐在北京东三环附近之新源里研究生院宿舍区，打开电脑整理这些旧稿时，当时撰文的情境便历历在目。伴随着当年的语境，以及一年来在中国艺术研究院中获得新知的快感，在愉悦中缓慢地进行着文稿的补订工作。宿舍旁边之亮马河结冰又消融，海棠花落花开，窗前的柏杨发黄、树叶飘零，再泛绿、扬絮，季节以其在广州难以想象的视觉冲击鲜明地变换着，书稿也随着博士资格考试的顺利通过与季节的轮回而终于竣工。

当然,所有的研究都离不开对前人成果的继承与发展。在明清广东绘画史研究的学者中,汪兆镛、汪宗衍、苏庚春、谢文勇、庄申、李铸晋等名字是不应该被遗忘的。他们筚路蓝缕的探索为后继者开辟了道路。在完成本书稿的撰写和整理时,我无法抑制对他们的尊敬与感激。

本书的撰写与出版,得到广东省文联主席刘斯奋和广东省政协书画研究会秘书长林亚杰的大力支持。导师梁江先生在百忙中为本书题写书名,其苍劲而颇具学者风范的书法为本书增添亮点;广州美术学院教授李公明先生以撰写《广东美术史》的学术经历而为本书赐序,是对笔者的鼓励与鞭策;本人供职的广东省博物馆为我提供了资料查阅的便利与北上求学的方便;岭南美术出版社刘一行兄和魏曼小姐的编辑与校对;中国艺术研究院的师友们不知审美疲劳的相互砥砺、交流……以及妻子宋敏和女儿朱美熹所付出的默默无闻的幕后劳动,都使我对本书的出版充满感恩之情。

个人的认知总是有限的。书中难免出现错漏或谬误,这是特别需要同行方家指出并得以修正的。

2009年4月初稿于京城东垣之新源里
2009年5月修订于穗城东垣之聚梧轩

(朱万章《明清广东画史研究》,岭南美术出版社,2010年出版)

《书画鉴考与美术史研究》后记

相对于之前出版的《岭南金石书法论丛》(2001)、《岭南近代画史丛稿》(2008)和《明清广东画史研究》(2010)三本文集,本书无论从研究所涉的时间(宋元明清直到近现代),还是对象(粤地以外书画及书画家研究),都迥然不同。有友人在翻阅此书稿时,好奇地问,是不是你的研究开始转向了?我听此言,颇为诧异。实际上,这些文章的撰写很多是与前三本文集大致同时。但由于一直疏于整理,未能及时将其付梓,因而会出现这样的误会。但不可否认的是,本书的出版,将是一个学术兴趣的转折点。以往那种侧重区域史研究的状态,将逐渐转移至明清以来的书画史研究和美术评论。

朱万章《书画鉴考与美术史研究》书影

本书的文章，大致可分为三类：一为书画鉴定的实例解析，这是我的老本行，大多来自于摩挲书画之后的心得体会，有感而发；一为美术史论研究，这类文章或者为策划展览，或者为参加研讨会，但均为自己的兴趣所在；三为美术学或鉴定学之学术史研究，这是我一直关注的学术课题。三类文章搜集在一起，似有杂碎之嫌。但据此亦可看出处于探索阶段的我在学术道路上留下的痕迹。至于是否能为读者提供一些有益的参考，或为学术界贡献绵薄之力，这是本人断不敢奢望的。

促成此书梓行的旧雨新知有很多：文物出版社的崔陟君从申报选题到出版，尤为给力；中国美协理论委员会副主任、中国美术馆副馆长、博士生导师梁江先生提出了诸多宝贵的意见，并欣然为本书题笺；中国美协理论委员会主任、博士生导师薛永年先生在繁忙的学术研究与博士教学中拨冗赐序……以及为此付出辛勤劳动的我的家人。在此，一并致以诚挚的谢意！

2011年7月28日时客穗城东垣之意居室

（朱万章《书画鉴考与美术史研究》，文物出版社，2011年11月出版）

《传统·革新·融合：东莞美术论稿》后记

在以往的美术史研究中，区域美术和主流画坛的考察一直是贯串于学术研究的两条主线。由于曾供职于广东的博物馆二十余年，受地缘文化与博物馆藏品影响，在很大程度上，研究的主题和兴趣均倾向于岭南。在明清以降直至20世纪以来的岭南书画中，又以传世作品及书画家人数较多的顺德、番禺、南海、东莞等地倾力较多。这本以东莞美术为主要研究对象的美术文稿便是一个缩影。

以地域来考察美术的发展与流变并藉此透视主流美术是近数十年来很多美术史学者的研究方向之一。东莞历史上虽然并无产生过在美术史上可圈可点的重要人物，但在晚清以来至二十世纪的美术发展中，涌现出的广东"国画研究会"和"岭南画

朱万章《传统·革新·融合：东莞美术论稿》书影

派"代表人物及诸如邓尔疋、林直勉、容庚等书法名家,直接见证和参与了近代中国美术史的嬗变与转型。因此,在东莞美术的透析中,可看到近代以来中国美术发展的侧影。

本人从上世纪九十年代以来开始撰写一些东莞美术家个案研究。两千年以后,陆续参加由东莞市博物馆和东莞市政协组织的《居巢居廉画集》和《东莞历代书画选》的选编、撰稿工作。去年,在岭南美术馆主持策划了《翰墨丹青三百年——清代以来莞籍书画展》及相关图录的编撰。可以说,在很长一段时间的区域美术史研究中,"东莞"是一个挥之不去的字眼。基于这样的机缘,便有了这本文集的问世。

在未来美术的发展中,随着信息化和全球化的飞速发展,区域特色与地缘文化的因素会越来越小。因此,希望借助这本区域之中的区域美术探讨,为未来的美术研究提供一个可堪回味的参展体系。

本书的出版,要感谢的人很多。岭南画院历任院长黄泽森、叶向明促成了东莞美术研究课题的成功实施;中国美术馆研究员、博士生导师梁江老师在百忙中赐序;岭南美术馆的慕容小红、赖志强等诸君为本书出版的具体事宜出力尤多。其他直接和间接给予支持的专家学者、亲友不胜枚举。在此一并致谢!

2014年2月22日于中国国家博物馆

(朱万章《传统·革新·融合:东莞美术论稿》,岭南美术出版社,2014年8月出版)

《对花写照：居巢居廉画艺》后记

截止到2016年6月，在二十余年的写作生涯中，本书是唯一一本修订再版的学术论著。为了保持原来的风貌，在修订时，其结构一仍其旧，但部分文字和章节则有不少增删，配图也和原来的图版大相径庭：一是十余年前，图版清晰度远不如现在之精；二是发现一些更有说服力的"二居"作品需要替换旧图。文字部分，引用了近十余年来学术界的最新研究成果，并已在注释和参考书目中注明。

当然，需要说明的是，本书的修订再版也是很不容易的。除了本人需要重新进入已经渐行渐远的区域美术史语境外，还需要主事者——十香园纪念馆诸位同仁的大力协助。没有刘志辉、陈敏仪

朱万章《对花写照：居巢居廉画艺》书影

以及其他无法一一记起姓名的旧雨新知的鼎力支持,本书的再版几乎是不可能的。在此,我不应该吝啬自己对他们发自内心的谢忱。

即便是修订,书中的遗漏与错谬也是在所难免的。所以,还需要各位看官多多赐教。

2016年7月18日于燕寓之南窗

(《对花写照:居巢居廉画艺》为《居巢居廉研究》的修订本,广东人民出版社,2016年9月出版)

《画林新语》后记

清人陈文述著有《画林新咏》一书，介绍点评了近三百位画家，并以诗歌形式歌咏其画艺。西汉时期陆贾写了名为《新语》的政论散文集；南朝时期刘义庆的《世说新语》记录了魏晋名士的逸闻轶事和清谈玄言；明末清初广东诗人屈大均写了一本《广东新语》，作者自称乃"广东之外志"，记录了正史以外的广东百业状态。笔者援引前贤体例，是为正统画史之外记录画林逸史。正如屈大均自评《广东新语》所言："略其旧而新是详。"对于书中所涉画林旧事，则尽可能简略，且有感而发；对亲身经历或画史阙如者，则竭力贯通其原委。

书中所示，乃自晚清以来画坛的艺林掌故、时论杂评、画迹评骘、书评序跋等。其中，所论及之书画

朱万章《画林新语》书影

名迹多为本人所寓目。在浩如烟海的名家翰墨中，饱游饫看，耳濡目染。每有所感，则笔之为文，以故衷为多编，以纪其一时之感悟云。此书即为其一例。

郑重前辈在百忙中赐序，杨柏伟兄在选题、策划中襄助尤多，还有很多朋友，共同见证了此书的孕育过程。在此，一并致谢！

2016年10月19日于京城之景山小筑

（朱万章《画林新语》，上海书店出版社，2017年1月出版）

《画里晴川》后记

在编辑这本文集时,收到《艺术探索》杂志发来的一道采访题目:"现在有些学者横跨的研究领域比较多,研究也比较杂,但也较有名气,发表文章也很多,但没有学术形象与面貌,甚至有些研究也不够深刻。而有些学者长期只在某一个领域,深扎苦练,学术形象非常明显。针对这种现状,您的意见或者看法如何?"对于这个问题,我斟酌再四,后来答复如次:"其实这两天一直在考虑这个话题,这也是我长久以来深思的问题。怎样将自己的研究社会化,真正产生一定的社会价值,才是我们的根本之道。专精一门固然很好,如果写的专业文章仅限于圈子里少数几个人看,其社会价值自然大打折扣;博杂一些固然不好,可是能对整个社会中的大多数人起到教化或共赏的作用,也未尝不是

朱万章《画里晴川》书影

好事。当然，如果既能做到专精，又能产生良好的社会效益，那是再好不过的了。至于学术形象，也就只好任人评说了。"交了答卷之后，一下轻松了很多，整个人都神清气爽了。

事实上，长期以来，我的研究方向已经做了大幅度调整。在专业的学术研究之外，更乐意写一些艺术史类的随笔小文。这些文章，不为应酬，也不为评职称或工作安排，纯粹随心所欲，无拘无束，因而下起笔来，反而得心应手，不落窠臼。最近在读历史学家谢国桢的《瓜蒂庵文集》，其子谢纪青在为其撰编后记时也写道：谢国桢在杂志、报纸的副刊写了不少散文、游记和诗，有些朋友劝他不要写这些小东西，他却不以为然地说："一个历史工作者，想写好文章，还要重视提高自己的文学修养"，真是于我心有戚戚焉。收入本书的，都是属于这类小文，于此或可洞悉我在书画鉴定与美术史研究之余的笔情墨趣。

本书所分的三个部分，分别代表了数年来我在撰写学术论文之外的大致内容。"鉴画论画"乃就古今画人或画作所写的点评，有感而发，长短不论；"梧轩消夏"则取孙承泽《庚子消夏记》之意："庚子四月之朔，天气渐炎，取法书名画一二种，反复详玩，尽领其致。家居日久，人鲜过者。然亦不欲晤人。老人畏热，或免蒸灼之苦，于是以此为消夏之一乐矣。"是将自己所寓目的名家翰墨，择其可圈可点者，或评其跋语，或述其源流，或详其画境，以作为画史考据的补充。每篇大多百余字，小中见大，概可略窥正史之阙如者。这批短文，曾于2000年左右连载于《东方艺术·书法》杂志，其时反响尚佳；"序跋访谈"则裒辑历年为他人论著所写部分序跋及各大报刊对笔者所作专访，是可见论艺心得与艺术历程。

在我看来，"晴川"是传统山水画中一种意境深远的静心之地。看到这个词，很容易就想到崔颢的"晴川历历汉阳树"，而在清初画家恽寿平和王翚等人的山水画中，就有不止一件他们自己命题的"晴川揽胜图"。因而，以此来为拙书命名，希望能为自己的小文找到一个注脚。在洗尽软红尘的赏画中，暂时可得到一种远离尘嚣的慰藉。

泚笔及此，最不应免俗的是，广西师范大学出版社的张明兄热忱邀稿，谬承嘉许，使得我将早已散落于各处的小文汇聚一篇，方有此书的诞生，因而我无法抑制自己的感念之情。书前所附两序之作者，一为博士同学祝勇，一为大学同窗李茂清。前者早已是名满天下的作家，且熟谙我的现状，后者则对我的学术初始之路较为了解。两君在百忙中拨冗赐序，为拙书增色，据此亦可窥视我的学术嬗变过程。我对二兄的感激之情，也是无法用言语传达的。

2017年5月24日晨起于京华景山小筑之南窗

（朱万章《画里晴川》，广西师范大学出版社，2017年8月出版）

书画鉴定中的微观与博识
——《鉴画积微录》自序

清人胡积堂曾在其《笔啸轩书画录》中说:"收藏家多贵耳而贱目,动以书画史所载晋唐宋元诸名迹为索骥之图,诿多门靡,不知晋唐无论已,即宋元所留寥寥无几,传者多摹本相沿,且非碔砆安能乱玉。"此中现象,自古皆然。在近三十年的书画鉴藏生涯中,这种体会一直如影随形,挥之不去。

记得读大学时,曾在上世纪三十年代梓行的《岭南学报》中读到一篇关于南宋画家陈居中《桃源仙居图卷》的雄文。文章旁征博引,考证翔实,且有理有据,图文并茂,很是打动当时渴求了解宋画的我。及至到了博物馆工作,在库房中一泡就是十八年,饱游饫看,耳濡目染,且跟随书画

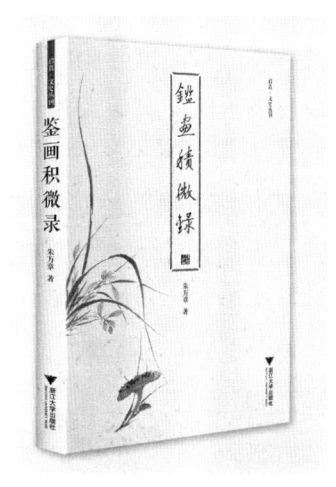

朱万章《鉴画积微录》书影

鉴定家如苏庚春等名宿研习书画鉴定之学，再回头看这篇文章，发现所讨论的对象——陈居中（款）《桃源仙居图卷》根本就是一件赝鼎之作。以赝品而作为研究蓝本，所得出的结论也就可想而知了。由此而想到，我们在做美术史研究或书画鉴藏的时候，还有多少存疑之作或陷阱在其间，稍一不慎，便会南辕北辙。所以，对于书画作品本身的探讨和甄别，就显得尤为迫切。

基于这样的理据，一直以来，我的对于书画鉴藏的研究，往往是文献考据与实物鉴证齐头并进。文献以溯其源流，实物以定其真赝，两相结合，孰可得其万一。正是如此，本书所考察的主题，均不出此道，但却各有侧重：《明清绘画中的高士形象》以画迹为据，探究明清高士的不同绘本与文化语境；《晚明岭南山水小品鉴识》透过画迹解析在晚明时代区域绘画与主流画坛的风格异同；《竹禅画竹》以《画家三昧》和竹禅传世诸作为例，透析其画竹品格与画学思想；而《髡残艺事行迹新论》则以新发现的文献参合相关作品论述清初"四僧"之一的髡残（石溪）艺术活动与艺术生成元素。其他如《小题大做：齐白石葫芦绘画研究》《黄宾虹与黄节：以〈蒹葭图〉为例》《学者冼玉清：画学著述与画艺》等，无不以画迹为中心，原始文献为支撑点，构建起书画鉴定、收藏与美术史研究的学术链条。

常规的研究之外，访谈与对话可谓研究的扩展与延续。书中所选取的十余则谈话笔录，是对包括明清书法、书画鉴真、书画题跋等宏观解析以及颜宗、担当、居巢、居廉、陈师曾、高剑父等个案在内的探索，个中所涉及的风格鉴定、个性特征与基本规律，或可予鉴藏者与研究者一些启示。

  书画鉴定与收藏，离不开润物细无声式的长期积淀。虽是细枝末叶，或可成为鉴定中的重要因素。积跬步，方至千里。延伸开来，所有做学问，甚至做人，其道理莫不如斯。所以，本书以"积微"命名，其用心即在于此。

丁酉仲秋时客穗城之意居室

（朱万章《鉴画积微录》，浙江大学出版社，2017年12月出版）

《鉴画积微录》后记

长期以来,已然养成了一个习惯:每次获得新书,必先翻看前言后记,看过之后,大抵便可决定是否还需继续下去。这样一来,以己度人,也就给了自己无形的压力。每次为新书撰写序跋,总是有些忐忑不安。此书的校对稿已经看过多次,封面装帧也和编辑、设计师磨合数遍,一切都早已定稿了,唯独后记一直阙如。

此书的梓行,有赖于《书画鉴真与辨伪》所获得的广泛嘉许。趁热打铁,在丛书策划者王志毅兄的怂恿下,将历年来撰写的散落于各处的文章来一次集合,便有了本书的诞生。与之前出的《画林新语》《画里晴川》等诸书相近的是,本书同样以鉴定与收藏为主题,所不同者,乃文章所涵盖的内容涉及宏观,也有微观;既有金石碑帖,亦有书画考辨。书中沿袭了近年来出版个人文集的风格:以不同的主题搜集文章,诸书之间,文章各不相同,互为参证。如有与2013年以前文集如《书画鉴考与美术史研究》《销夏与清玩:以书画鉴藏史为中心》等诸书相类者,则多是发现新材料或有新的增订,如本书《学者冼玉清:画学著述与画艺》即是一例。该文曾收入《岭南近代画史丛稿》一书。是书刊行于2008年,然时移世易,非但此书现已不易得,且书中部分文章更有修订增补的必要。此类情况,在本书中虽不多见,但一定得向读者诸君交代的。

本书撰写的时间从上世纪九十年代一直到今年6月,故文风容有差异,除个别字句确有错漏需改订外,本书多一仍其旧,明眼人当可据此略窥笔者为文的嬗变轨迹。

考古与物质文化研究学者孙机先生忙里偷闲,慨然为本书题笺,无疑是对后学如我辈者的激励。启真馆的责任编辑周红聪、李卫两位女士的鼎力相助与敬业精神,是本书能付之剞劂的重要因素。而我的家人、同事及朋友们无私的襄助,也是此书得以问世的必要条件。所有这一切,又岂是一个"谢"字了得!

2017年9月26日时客羊石

(朱万章《鉴画积微录》,浙江大学出版社,2017年12月出版)

《画余味象》后记

与近年梓行的《画林新语》《画里晴川》《梧轩艺谈录》《画前月下》相同的是,本书依然是谈画和论画的随笔小文。不同的是,本书探究的画人或艺术大多集中在当下,与前述四书以明清以降为主线的风格大为迥异。

当下艺术的生态是多元化的。书中的各位画家,多是活跃于二十一世纪画坛的贤才俊彦。他们的艺术取向与绘画风格互有异同。他们在艺术上的探索与笔墨语言乃是当今画坛的一个侧影。也许在现在看来,他们中的不少画作还未完全形成独特的面貌,有的甚至还显得稚嫩,但无可置疑的是,他们的种种探知与行迹都是一个时代留给未来的最好印记。若假以时日,他们中很难保证不会出现一个徐渭、傅山、吴昌硕、齐白石或张大千。通过

朱万章《画余味象》书影

观其人，读其画，或可为我们管窥当代中国画发展提供参考。这些画家，有不少与我有着交游，我对他们的艺术执着与艰难摸索无不了然于心。每每见到他们的身影，见其充溢着生命意志的艺术作品时，我无法抑制为文的冲动。于是，集腋成裘，便有了这本小书。书名"画余味象"就是绘画之余的随感，此处的绘画，既指书中所涉的画家，也可理解为我在偶作绘画之余的思考。

画家与作品是绘画史的主角，而由此生发的美术活动、书画鉴藏、艺术赞助、美术展览、画学体制与机构运作等，无不与此休戚相关。因此，在画家与作品之外，探究展览、拍卖、画院、传播、投资、题材等多方面话题，也是本书的另一特色。故书名"画余"实则也包含此意。

一如既往的是，我喜欢用轻松的笔调写出真实的想法。这是我近年来在学术研究之余乐此不疲的写作之乐。本书的大多数文章，都是在这样的体验中完成的。

本书的选题、策划到编辑出版，都是和主事者马骏分不开的。责任编辑谢放女士不厌其烦的校改，给我留下深刻的印象。两位女士虽至今尚未谋面，但却一如睽违多时的旧友，令人心向往之。

2018年4月于京华之景山小筑

（朱万章《画余味象》，北岳文艺出版社，2018年7月出版）

《画前月下》自序

曾经有不少朋友问我,为何近年我的关于书画随笔类小品文不断结集出版,如同下饺子般一碗接着一碗端出来。一开始我会耐心作答:实则这些文章并非集中在这几年写成,而是数十年来慢慢积累而成,碰巧有了出版的因缘,因而就整理付梓了。时间一久,我自己觉得这样的解释固然有一定道理,但真实情况还是近年来所见各类书画展览和文献多了,每见作品,往往有感而发。对于一些有学术含量和学术分量的材料,又碰巧与自己的研究兴趣相吻合,便写成学术论文或论著。而对于学术研究之余的零星材料——我将其称之"边角料",食之有味,弃之不舍,遂援笔成文,新文加上旧作,也就成为各类文集。自癸巳入京以来相继付之剞劂的《画林

朱万章《画前月下》书影

新语》《画里晴川》《梧轩艺谈录》《鉴画积微录》及这本《画前月下》即是此例。

和以往文集相同的是,收入本书的每一篇文章都是首次结集出版。它们原本散落于各个角落:有的是受期刊约稿,临时应景之作,如《黄公望与〈富春山居图〉》;有的是在报刊开设的专栏文章,如《居廉画犬》和《"到处天机奔放"——朱屺瞻的葫芦画》便是应《中国文化报》和《中国美术》之约所写的专栏小文;有的是媒体对我的专访;有的则是书评。但更多的还是因画而生感,不吐不快的即兴之作,如《侯北人葫芦画中的禅意》便是观摩辽宁省博物馆书画展览后当天在旅舍所写,《高凤翰画石之趣》是在偶翻画册之时引发作文的冲动,《何绍基的中晚年行书》是在观展和读书过程中的感悟,《周闲画葫芦》则是找到了与自己性情相似的契合点。从时序上讲,本书所收文章最早者有大学三年级时所写的第一篇变成铅字的文章《画僧与诗僧的苏曼殊》,最新者有交付书稿的当月(2018年3月)所写的《张大千的双鲤鱼》,时间跨度达二十八年,但从数量上看,还是以2000年以后文章为多。不同的时段,有不同的写作习惯,相信明眼人可略窥其渐进的历程。从内容上讲,都是与书画相关,有涉及书画风格、作家生平、书画鉴定、庋藏嬗变和题材解析,也有书画和影像类图书的评骘品鉴。从风格上讲,力图做到两"新",一是材料的"新",二是观点的"新",这是我在为文时给自己预设的小目标,二者居其一或同时具备。

每本书定下选题和书稿后,给它起个得体的名字是一件颇费思量的劳心事。古往今来的作家和学者都曾有过相似的困扰。我自己的经验是，按照书的内容拟定若干备选的题目，写在稿纸上，写着写着，有一种"蓦然回首，那人却在灯火阑珊处"的感觉，这个题目就一定是书名无疑了。我就经常设想，一幅心仪的画悬于书案前，与画家进行超越时空的对话，窗外月明星稀，草虫鸣叫，自己文思泉涌，伏案而书，这便是难得的理想生活了。但现实总是事与愿违，案牍劳形，丝竹乱耳，常常梦想这种体验而不可得，于是在书写稿纸时就突然在"画前月下"时打住，它也就成为解渴的梅子了。

戊戌二月廿二日于京城东垣之梧轩，
时雨雪初霁春和景明

（朱万章《画前月下》，上海书店出版社，2018年8月出版）

《画前月下》后记

此书与《画林新语》《画里晴川》都是姊妹篇。

最近几年来,我喜欢在书画类随笔小品文结集时,书名含有一个"画"字。一是因为文章大多与"画"相关,因画而生情,因情而成文;二是因为自己的工作与兴趣所在,都离不开一个"画"字,鉴定、收藏、展览、研究、编辑、出版"画",无时无刻,如影随形。故在捉笔为文时,"画"便成了挥之不去、萦绕在多维时空的载体。

这里衰辑的数十篇小文,除去应报刊之邀所作的访谈外,多是因观"画"或读"书"而写,记录了不同时期对艺术的认知与体悟。我喜欢在静谧的夜晚读书、写字、画画和作文,心无旁骛,天马行空,因而借用富有诗情画意的"花前月下",而成"画前月下"。这些零星的、碎片式的文章,所涵括的时代从元明以降直至当下。它们看似毫无关联,但细察之,则都是被"画"所维系。有画语录,有读画记,有鉴画事,也有读画书,江山卧游,乐此不疲。有人喜欢读万卷书,有人喜欢行万里路,钟鼎山林,各有所好,而我则喜欢遍阅古今佳画。阅画之余,信马由缰,兴起握笔,兴尽而止。故这些洋溢着观画时无拘无碍心情的简短文字，便记录了不同时期的读画体验。我们今天阅读董其昌的《画禅室随笔》、周亮工的《读画录》和石涛《画语录》时就能洞悉他们那个时代的审美倾向和画学渊源，我不敢奢望我的包括这本书在内的多本以"画"为主题的小书也能为后世提供这样的功能，但若在未来的世界中，这些记载了我不同时期画学探索的小文，能为了解这个时代的艺术探知提供注脚，则现在所做的"无用之学"也就变成"有用"了。

当然，之所以能有这些小书的问世，离不开杨柏伟兄等出版人的策划与垂爱，离不开直接或间接给予我读画与作文体验的公私藏家，离不开显性或隐性予我以各种帮助的旧雨新知。没有大家的襄助，此书的梓行是不可能的。为此，我无法免俗，必须表达自己发乎情的敬意与谢忱。

2018年4月于京华

《梧轩艺谈录》后记

近日读张中行《负暄琐话》，见到有这样一句话："虽然千万万人争着去倚市门，上天却没有断读书种子。"这句话约写于上世纪八九十年代。现在的情况是，"倚市门"的人更多，但读书的种子仍然绵延不绝。这实在是一件令人无奈但却又稍感慰藉的事。当读到"书蠹丛书"中诸位大方之家的"小书"时，这种慰藉变成了欣喜和兴奋。既为作者娓娓道来的文风及甘居闹市而能独立思考的"另类"钦佩，也为以文珍为主导的编者们的细心与耐心及眼光所折服。但更让人有些惊喜的是，我的这本小册子也进入该丛书中。在欣喜与惶恐之余，遂认真细致地挑选文章与选定主题。

我的本行是书画鉴定与美术史研究，偶尔也画些小画，但都是前者的延伸。在长篇大论的学术论文之

朱万章《梧轩艺谈录》书影

外，我喜欢写一些和专业有关的小文章。这些文章，有的是书画鉴定中对某些作品或书画家有感而发，但又不足以展开深入探讨；有的则是在撰写学术论文之外，尚有言犹未尽之处，遂写些小文章加以补充。于是，便有了这本小册子。

这些文章，大约都是迁居北京后在景山旁之梧轩写就，或在原有旧文章中修订而成，记录了一段学术历程。它们都是因艺术而结缘，又因艺术而成文，因而不揣谫陋，袭清人张维屏《艺谈录》和今人钱锺书《谈艺录》之例，故名。

源于惯例，也是缘于实情，要对文珍及其编辑团队说一声感谢。没有他们的辛勤劳作，这些文章仍然会散落于各处。

2016年5月3日于京广旅途中

（朱万章《梧轩艺谈录》，花城出版社，2018年1月出版）

《明清书画谈丛》后记

在我的几本关于书画史研究的文集中，本书显得尤为特别。之前的《书画鉴考与美术史研究》《销夏与清玩：以书画鉴藏史为中心》《鉴画积微录》大多侧重于个案讨论，而本书基本上都是从宏观角度来研讨明清书画嬗变与演进的历程。这些主题，分别涉及明清历史画、白描画、佛教题材绘画、合作扇面书画、广东绘画、岭南印人和清代的葫芦画、楹联及岭南刻帖等。从写作的时序看，以2013年为界，前后各占一半：前者多侧重于区域美术研究，后者则转向主流美术的探讨。究其原因，大抵因为自2013年起由于工作需要我从广东移居北京，其工作性质和视野都和以前有很大的不同，因而研究的兴趣也发生了相

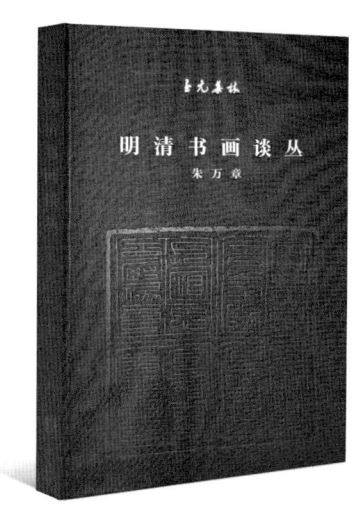

朱万章《明清书画谈丛》书影

应的变化。这些文章，有的是应刊物、研讨会约稿或配合我所供职单位的展览推广而写，大多数则是依个人兴趣而为。这些文章，虽有计划性但无系统性，有的文章是在观展、看书或赏画过程中有感而发，并由此爬梳钩沉，寻找相关实证，希能以画证史、以史解画。每篇文章，看似并无关联，但所关注的主题，都是明清美术发展中的一个侧面。即便是区域美术，也是主流美术中不可或缺的重要一环。这些文章全部串起来，大致便可管窥明清美术发展之大要。

近十数年来，明清美术研究已呈雨后春笋之势，无论是高等院校的硕博士选题，还是专家学者的科研规划，都对这一时期的艺术家状态和书画风格、文化背景等方面表现出浓厚的兴趣；也无论是微观的个案，还是宏观的理论建构，都较前数十年有长足的发展。本书所涉及的多个议题，正是在此语境下的产物，据此或可看出笔者近十数年来的兴趣所在。我曾梦想有一支探骊得珠的如椽之笔，勾画出明清美术发展的清晰脉络。但力有不逮，只能借助本书的绵薄之力，为建构明清美术研究的宏伟大厦增添一瓦一砖。

本书从选题策划到付诸剞劂，唐饮真和谷卿二兄出力尤多，编辑江玢为校对、编务未尝稍懈，陈履生先生在繁忙的学术活动之余拨冗赐下序言，实在令人感念。当然，还有不少声息相通的旧雨新知，共同为本书及本丛书的策划付出了心力。我对诸君的敬意和谢忱只能通过潜心著述来回馈。在炎热的夏天，窗外鸟雀的聒噪可以暂且不理,埋首于书卷所获得的宁静算是拂暑与销夏的最佳之选。

2018年7月16日于梧轩小筑

(朱万章《明清书画谈丛》,北京联合出版公司,2019年1月出版)

《尺素清芬：百年画苑书札丛考》自序

这是我写的第一本和近现代学人相关的非虚构散文集。与之前出版的多本论著不同的是，此书都是以信札为主题所勾勒出的交游网络与翰墨因缘，其中所折射的学术与艺术交融的痕迹尤为明显。

从信札所涉人物而论，本书大致可分为三部分：一为所涉画家或学人的信札，虽然与我并无任何关系，但其内容多为晚清民国以来画苑和学界轶事，可补学术史之不足，如居廉致杨永衍、陈师曾致梁鼎芬、方人定致邓芬、谢稚柳致朱泽、陈凝丹和黄独峰致苏卧农、赖少其致周乃空、亚明致吴振华等，其信札一方或双方均为书画家或学者。二为信札内容虽然与我并无直接关系，但信札所涉一方为我之师友，与我有直接交游，如于省吾、谢稚柳、邓白、龚继先、崔振崑、刘九庵、杨仁

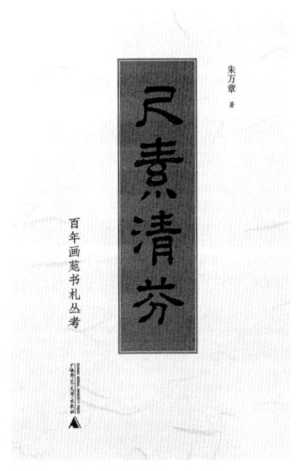

朱万章《尺素清芬：百年画苑书札丛考》书影

恺、魏隐儒、曾敏之、谢辰生、诸涵等人信札的受信者为先师苏庚春，其内容多以其为中心；徐邦达、刘九庵、邓白、杨之光和龚继先等人信札的受信者为我的老同事兼师友、陶瓷鉴定家宋良璧；程十发信札的受信者系与我亦师亦友的古文字学家、书法篆刻家马国权；赵少昂和周士心信札的受信者为我的友人、加拿大华人画家黄硕瑜。三是信札作者为我的师友，均系他们直接致信于我，其作者有杨仁恺、苏庚春、吴灏、马国权、王玉池、薛永年等，他们或为书画鉴定家，或为书画家，或为学者，与我均为忘年交。这些信札，大多为我直接或间接亲历，记录的是不为人所知的文化记忆，堪称信史。这是为未来留存这个时代的集体回忆。

从信札内容来看，既有书画家或学人之间的交游往事，也有探讨书画鉴定或学术研究的心得体会，更有关于鉴藏、古籍、文物保护、装池、书画用纸、润格、彝器、美食、药材、雅集、编辑、临池、诗歌、书画交易等诸多方面的点点滴滴。这些看似琐碎的文字记录，恰如散落于地的碎金，拾掇起来，便成为二十世纪以来书画鉴藏与学术史嬗变的缩影。这些信札的作者，大多为晚清民国以来活跃于书画界、书画鉴定界、文学界和学术界的硕德耆宿。他们大多不以书法见称，但其学养深邃、独抒性灵的书法却为洞悉其多方面的艺术或学术成就提供了参考样本。见微知著，透过这些饱含作者生命意志与艺术激情的寸缣短札，或可略窥离我们渐行渐远的一代学人的身影。

信札在我们这个网络高度发达和信息化无限膨胀的

时代,已经逐渐远离我们的日常,所以现在捧读起来,感觉是异常的亲切与不舍。这些信札,有的来自公库所藏,有的来自寒斋搜集,也有的来自友朋珍庋。我很荣幸能成为除受信者之外的最早一批读者。每一札尺牍,我都曾摩挲再四,爱不释手,因而有感于心,遂援笔成文,以志怀想。

郑逸梅在《尺牍丛话》中曾说,收藏信札"与其罗致显贵,毋宁山泽之癯,风雅之辈,较为隽逸有味",笔者所遴选的三十通尺牍,均以此为准绳,读者诸君,若能据此体会"风雅之辈"的"隽逸有味",则此书的意义就远不止于拾遗补阙和以物证史了。

2019年2月15日时客之江之转塘

(朱万章《尺素清芬:百年画苑书札丛考》,广西师范大学出版社,2019年5月出版)

《尺素清芬：百年画苑书札丛考》后记

周作人曾说："喝不求解渴的酒，吃不求饱的点心，都是生活上必要的——虽然是无用的装点，而且是愈精炼愈好。"最近几年来，我所梓行的《画里晴川》《画林新语》《画前月下》《画余味象》诸书，或许正是"不求解渴"和"吃不求饱"的无用之学。此书的出版，也正是这一无用之学的延伸。正是因其"无用"，不带有任何功利和实用性目的，因而可以无拘无碍、游刃有余地自由发挥。此书的特点即在于此。

但与前述诸书迥然有别的是，前者多谈古人，即便谈今人也多是"他人"，而此书则多谈今人，且还有不少篇章涉及自己。书中讨论的信札，原本藏在深闺人不识，有的甚至积压箱底或纸篓多年，因某种机缘得以重见天日。在释读这些信札之余，我希望能为它们写点什么，不然可能就永远沉寂于箱底而湮没无闻。基于此，从2017年以来，我便开始整理这批信札，并陆续撰写成文，按照不同的内容，先后刊发于《中国文物报》《中华读书报》《中国文化报》《西泠艺丛》《艺术品》《书与画》《收藏·拍卖》《大观》《收藏》等报刊，在学术界和收藏界引发一定的关注与反响。后来，因为在广西师范大学出版社梓行《画里晴川》所产生的良好效应，双方均有继续合作的愿景，因而这些文章在达到一定的分量后，也就顺理成章付梓了。

在我看来，关于信札的文章最不好写，主要原因在于必须回到信札作者和受信者的交游语境中，如果能找到双方往还的信件及史料，自然也就水到渠成。但如果不能还原当时的历史情境，仅凭数百字短笺，文章自然也就成为无源之水、无本之木。因而直到发稿时为止，手上还有数十通信札因为钩稽史料不足而暂时成为"烂尾工程"。另一方面，关于信札的文章又特别容易写，那是因为和自己直接或间接有关的书札，一捉笔便能渐入佳境，回到当初的语境中。故此书的文章，大抵又可分为以上两类。

此书在排版之后，援例应该有个序跋，但因一时笔拙，迟迟未能动笔，以至于书稿编排大半年仍然搁浅，责编刘玲反复催促无效后，索性顺其自然，任我一拖再拖。从戊戌仲秋到己亥孟春，倏忽之间，不觉已历寒暑。适逢冗务之余休年假，来到细雨绵绵的南宋故都，遥望窗外如米芾笔下若隐若现的云烟山水，突然灵感勃发，一日一夜之间，序跋立就。我想，这算不算是烟云供养，造化养人呢？

二〇一九年旧历正月十二于杭州

《尺素清芬：百年画苑书札丛考》重印后记

当出版方告知这本书已售罄之时，确乎是有些讶异和惊喜的。本来，就自己长期以来喜欢的信札而撰写的小文章，多少带有自娱自乐的性质，没想到还受到读者的关注与厚爱。书甫一问世，出版社在北京的涵芬楼和桂林的独秀书房做的两次读者见面会上，来宾的热烈和互动也是我始料不及的。最近，有热心的朋友从网上找到几条读者对此书的评鉴："这本以信札为主题的书图文并茂，娓娓而谈信札内容和当事者交往，内容丰富，引人入胜"，"清新，优雅的一本书，舍不得读完"，"精美绝伦，美不胜收，是本好书"……我知道，与其说是读者对本书的肯定，毋宁说是对信札撰写者和内容的垂注，亦是对我的嘉勉与鼓励。当然，这也和近年来晚清民国的信札和文化受到热捧密不可分。正因如此，也激励我将此类文章继续写下去，以就教于博雅诸君。

此书初版后，清华大学教授杜鹏飞和广州画院学者吴瑾指出部分舛误，本次再版时作了修订，其他内容悉依原样。广西师范大学出版社张明兄及刘玲女史及其他同仁为此书的策划与推广出力尤多，在此不尽衔感，岢肃申谢！

二〇二〇年正月廿五于京城之柳南小舍

作品流传与美术史建构
——《过眼与印记：宋元以来书画鉴藏考》后记

在我的论著系列中，有两条线并行不悖。一条为学术研究系列，如《居巢居廉研究》《书画鉴考与美术史研究》《明清广东画史研究》《销夏与清玩：以书画鉴藏史为中心》《书画鉴真与辨伪》，均就某一主题所展开的深入研究，或为论文结集，或为专著；一条为学术研究之余，就一些研究中所遇史料有感而发，却又不足以形成学术论文，因而以散文形式所撰写的随笔系列，我自己将其定为"边角料系列"，如《画里晴川》《梧轩艺谈录》《画林新语》《画余味象》《画前月下》《鉴画积微录》《鉴画积微录续编》等即是。很显然，此书属于前者。

朱万章《过眼与印记：宋元以来书画鉴藏考》书影

就写作时间而言，书

中关于诸葛亮形象、陈容画龙和岭南四画僧均为旧文，分别写作于2010年和2011年，且先后收入早前梓行的文集中，此次重新拣出，是因为发现了一些新的材料，且原来的观点需要进一步完善和补充，因而属于修订稿。其他十二篇文章，均成文于最近两三年，有的是应展览需要而作，如《王蒙与〈葛稚川移居图〉》；有的是应学术研讨会或刊物邀请而作，如《董其昌画像考》《赵孟頫〈行书千字文册〉考》《明代绘画中的醉饮图》《傅山画艺暨鉴藏》《〈嵩山草堂图〉的文化符号》《何绍基书法的鉴藏与传播》；但更多的还是源自兴趣使然，如《明代绘画中的葫芦》《仇英绘画的摹古与创新》《谁才是真正的朱元璋？》《吴振与〈湖山晚晴图〉》《与古为新：吴昌硕葫芦题材绘画探究》等。文章所涉及的年代，最早到南宋，最晚至清末民初，贯穿宋元明清四朝。

　　就主题而论，以人物画研究最多，涉及诸葛亮、朱元璋和董其昌形象及葛稚川移居、明代醉饮图五篇，体现出近年来学术兴趣的重点所在；其次为山水画研究，涉及明代吴振和清初王翚、傅山及岭南画僧四篇；书法及葫芦画研究各两篇，分别对赵孟頫、何绍基书法的考察和明代诸家及晚清吴昌硕葫芦画的探究；其余为陈容画龙及仇英的《清明上河图》研究，各一篇。这些文章，看似毫无关联，但贯串起来，即可看出宋元以来中国书画鉴藏与艺术演进的历程。这些文章，都有一个共同特点，即是利用我供职博物馆的优势，结合寓目的名家翰墨，从作品本身出发，抽丝剥茧，解读书画内外所蕴含的文化与艺术基因，并就鉴藏、真伪、传播与影响等诸多方面展开探讨，希望能为人们深度了解不同时期的美术发展状态提供参考。因而，书名定为"过眼与印记"，其意义即在于此。

本书从策划到付梓，经过反复酝酿与精挑细选，北京大学艺术学院李松教授提出了不少宝贵意见，北京大学哲学系朱良志老师拨冗通读了书稿并赐序，陈新老师及北京大学出版社谭燕女士出力尤多。还有很多不具名的朋友，都为此付出劳动。正是因为大家的共襄善举，才使坐冷板凳的学术研究得以一代一代延续下去，这是需要深刻铭记的。

2019年2月16日时客杭州之转塘

（朱万章《过眼与印记：宋元以来书画鉴藏考》，北京大学出版社，2019年8月出版）

《鉴画积微录续编》自序

近读徐森玉（1881—1971）《汉石经斋文存》，中有《〈画苑掇英〉序》一文，讲到历来书画鉴定胶执于某一画家某一时期的特点，拘泥于画家的署款、印鉴和画的质料，且特别看重历代著录。在他看来，这些因素虽然重要，"却都不可以认为这已是全盘的根据"，真正鉴定书画的主要依据在于时代风格与个人风格，继而还提出辨真伪与识优劣的问题。这篇文章写于1955年5月。在近九年后，比徐森玉小三十三岁的书画鉴定家张珩（1914—1963）在中央美术学院美术史论系发表了《怎样鉴定书画》的演讲，亦提出了书画鉴定的主要依据（时代风格与个人风格），同时还指出辅助依据为印章、纸绢、题跋、收藏印、著录、装潢以及辨真假和明是非的问题。张氏的演讲由当时听讲者

朱万章《鉴画积微录续编》书影

薛永年等先生记录整理，于1964年发表在《文物》杂志，后来再由文物出版社等各大机构相继付之剞劂，在书画鉴定界影响甚巨。但凡从事书画鉴定者，几乎没有人不读张氏此书的，以至于提起现代书画鉴定学之发轫，无不以张珩此书为嚆矢，而对张氏前辈徐森玉的首创之功则鲜有人论及。

徐森玉和张珩都是我所敬重的鉴定大家，我对两位硕德耆宿所创建的书画鉴定理论的孰先孰后无意臧否，但两位鉴定家离我们所处的年代并不遥远，他们关于书画鉴定的理论却得到不同的际遇，且在书画鉴定界的影响何止霄壤。这固然与两人所处不同地域（一个在北京，一个在上海）所造成的传播范围休戚相关，但与后学如吾辈者未能深入梳理、研读及盲目从众等诸多因素也不无关系。很显然，在书画鉴定中，无论对个案的研究，还是书画鉴定理论的建构，以及对前人经验的分享与发展，都给我们提出了很多亟待解决的课题。基于此，我一直在做的一项工作，就是在个案的探索中——甚至在细枝末叶的考察中，站在前人的肩上，努力完善和丰富书画鉴定的成果，以绵薄之力将书画鉴定一代一代地向前推进。因而，本书所倡导的"微"，其用意即在于斯。见微知著，众人拾柴，自然也就能卓有所成，承前启后。

需要说明的是，本书之所以为续编，在于《鉴画积微录》付梓后所产生的社会效益。完全出乎意料的是，正编获得"2018书业年度评选·年度图书"荣誉，显示此书拥有一定数量的受众，这让我甚感欣慰，因而便有酝酿梓行续编之举。

因工作之便与兴之所至，我有机会观摩各地所藏法书名绘。在眼福之余，往往对铭心绝品多有所感，便记录下来,这就形成了本书的上篇。在九篇文章中,有四篇文章是鉴定广东省博物馆、佛山市博物馆、广东南海博物馆和惠州市档案馆书画之后的读画记;另外五篇分别谈元代绘画中的葫芦、明清青绿山水画、历代《兰亭修禊图》、端午题材绘画和清代岭南刻帖等。下篇的十二篇文章,都是对个案的讨论,涉及赵孟頫不同时期的书法,仇英绘画的传播与影响,吴荣光鉴藏印,居巢、居廉和王一亭的葫芦画,吴大澂和吴昌硕的合作画,袁祖志、任预和谢稚柳的山水画,齐白石的草堂图,苏庚春与黄宾虹的翰墨因缘以及张大千三兄张丽诚的绘画,等等。从时代而论,远自元代,近至二十世纪下半叶;从主题看,有谈鉴藏,也有谈绘画题材,还有谈风格、交游、真伪,更有对画史的钩沉。

书中所涉及的书画,大多为直接寓目,且他人较少论及,因而重点显现出材料的"新"。书中除谈清代岭南刻帖写于2000年外,其他诸篇均成稿于近十年,尤其是近两三年,所以反映出最新的"眼福篇"。当然,诸文毕竟不是就某个主题深入研究的学术专研,大多只是浅尝辄止式的过眼札记,故就全书结构来说,似有庞杂之嫌,但这恰好是我近年来陆续问世的同类书的一个特色,与其他纯学术性论文或论著互为补充,相映成趣,或者也可以说是学术研究的延伸与扩展。不知博雅诸君以为如何?

己亥正月十九于京华之景山小筑

(朱万章《鉴画积微录续编》,浙江大学出版社,2019年9月出版)

《鉴画积微录续编》后记

写过很多文章,最近越来越有一种感觉,那就是:每一篇文章的写成,总有一些特别的偶然因素。或源自刊物、研讨会的定向约稿,或因工作之需,或因观展中某一作品戳中了兴趣点,或在看书时引发了对某一课题深入探究下去的兴致,或鉴定某件书画时解决了悬而未决的疑惑,甚或在与同道交游时不经意间的谈论激发了写作的冲动……或许这便是常说的翰墨因缘吧。本书所搜集的二十一篇文章即是因"偶然"而成。

虽说是"偶然",但究其实,还是一直以来持续不变的对书画鉴定中个案的关注。宏大叙事的文章固然重要,但对书画鉴定来说,一篇千字文能解决书画鉴藏中的"疑难杂症",也未尝不是一件有意义的事。清人陈其元(1812—1881)在其《庸闲斋笔记》中说:"世之称鉴别书画,大抵皆凭一己之见,不必尽真识也。其识之精者,不过能辨妍媸耳",指出了书画鉴定的主要症结。因而,我在鉴画及作文时,便力避其弊,尽可能做到"识真伪"与"辨妍媸",为美术史研究与书画鉴藏提供信而可征的理据。这也正是此书的主旨所在。

在此书编撰与校雠之时，恰逢所处环境发生霄壤之变，放置在桌上的盆景也因空气污浊而发黄、枯萎。但过了己亥正月后，"沉舟侧畔千帆过，病树前头万木春"，绿植出人意料地蓬勃生长起来，旧叶添新枝，欣欣向荣。有朋友来访时戏称："花犹如此，人何以堪？"因而给人以莫大的鼓舞。面对在逆境中势不可阻的绿萝，我们还有什么理由消沉与不奋进呢？

　　感谢本书的策划和编辑者王志毅、周红聪、李卫诸君，还有很多同声相求的朋友，在诸多方面给予无私帮助与勖勉，我们一起前行。

2019年3月于梧轩

　　（注：因校对疏忽之故，此后记并未收入书中，特此说明并存念）

《画里相逢：百年艺事新见录》自序

对于作品本体的持续关注，以及由此衍生出的对画家艺术风格的生成、艺术特色的解读、多元交汇下的艺术融合与作品的流传与鉴藏等，这是我一直以来从事书画鉴定与美术史研究的必由路径。因为工作所需与兴致所在，这种关注点从宋元明清到二十一世纪。在笔者既往的论著中，有关于历代的，如《书画鉴考与美术史研究》《销夏与清玩：以书画鉴藏史为中心》，也有关于宋元明清的，如《过眼与印记：宋元以来书画鉴藏考》。此书所讨论的范畴，则集中于清末民初至二十世纪下半叶的百年间，乃其前述三书之赓续。

对近百年画史的探究，已有诸多鸿篇巨制

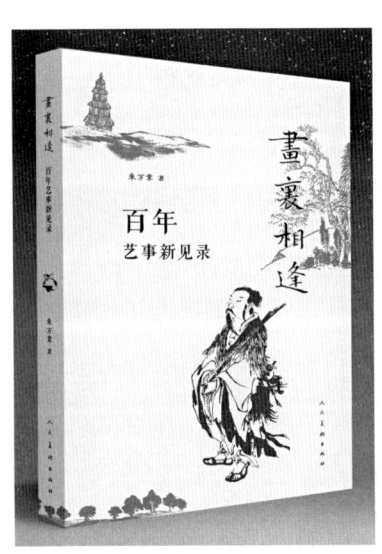

朱万章《画里相逢：百年艺事新见录》书影

问世,毋庸赘言。本书所选取的十六个议题,则是于前人论述之外,以一己之寓目,钩稽索隐,试图从作品与人物中挖掘出迥异于既有的研究成果,为学术界与书画鉴藏界提供新的参照体系。这些论题,大致可分为三个主题:一为画史与画风研究,如齐白石艺术在日本的传播、如何认识黄宾虹、徐悲鸿与"岭南画派"、苏卧农及费新我的画风等;二为绘画题材的研究,如齐白石早期山水画、陈半丁和赵少昂的葫芦画、张大千的东坡笠屐图、关山月的人物画和黎雄才的海外写生画等;三为作品鉴藏与鉴藏家研究,如叶恭绰、王季迁和苏庚春鉴定行述,张珩对《草堂十志图》的鉴藏等。这些议题,有的于前人已有相关探索,我则另辟蹊径,尽可能发人之所未发;有的则无相关研究可资参证,乃以作品考索与史实梳理为根基。无论何种情况,多是利用各地博物馆、美术馆等机构所藏作品为考察对象,勾勒出近百年中国画史渐进的轨迹。

  百年来画史演进的历程,归根结底,就是一个"变"字,有古今之变,亦有中西之变。这种"变"既有随政治、文化之变而变,亦有自身因蜕变而变。无论观念、画风、技法,还是题材、鉴藏,莫不如此。由是之故,书中主线,均突出嬗变之痕。读者方家,或可就此深味吾用心之一斑。

2019年4月3日于北京

  (朱万章《画里相逢:百年艺事新见录》,人民美术出版社,2020年2月出版)

《画里相逢：百年艺事新见录》后记

本书所选取的十六篇关于近现代绘画研究的文章，除《黎雄才的海外写生画》写于2011年以外，其他诸篇均写于2013年以后，尤其是近两三年时间。这些文章，记录了我在书画鉴定与美术史研究中对于近百年画史的关注，亦是明清以来书画鉴藏史研究的延续和扩展。

书稿交付排版与制作已差不多一年之久，因为琐事繁杂而无暇顾及序跋。近日得以从冗务中抽身，复得返自然，遂有时间与心情清理欠下的文债。巧合的是，在赴清初"四僧"之一石溪故里参加研讨活动时，来到当初陶渊明误入的桃源之地。虽然已完全找不到文学记忆中的世外仙境，但其远离烦嚣的自然风景确实让人有乘桴之想。"乘桴"自然也只是想想，但真正要做的事却有很多。面对云烟缭绕的城头山和沅江，以前需要构思很久的文章竟然一挥而就。这算不算是得江山之助呢？

每一本书的出版都有很多的因缘际会。本书的梓行，有来自责编张雪梅的敦促抬爱，也有来自本人的不揣谫陋，更有来自亲友的支持与诸多同道中人的勉励。这一切，都是在书中读不到的。

2019年3月31日于武陵客舍

"好眼朱"与书画鉴定
——《画外乾坤：明清以来书画鉴藏琐记》后记

在电脑里整理旧照片时，发现了两张拍摄于2012年的手写稿纸，内容是其时正在读小学五年级的女儿所写的作文，题目是《好眼朱》。我一口气读着显得十分稚嫩的习作，适才出版社的编辑来催交本书的后记，遂心生一念：这篇小文虽然女儿现在多次说不太满意，但可从一个孩提视野来认识书画鉴藏，似乎不无裨益。既如此，何不权当此书之跋呢？于是，不妨全文照录如次：

"好眼朱"专看古画的真伪这一行。他头上戴着一副眼镜，留着一撮短短的小黑胡子，里面还有几根白色的，两鬓都变白了，只有头顶上有一片黑头发，就像肥沃的黑土地。

朱万章《画外乾坤：明清以来书画鉴藏琐记》书影

一看这形象，这打扮，就知道"好眼朱"是个学问渊博的人。

一年的一天，"好眼朱"收了个徒弟，名叫李小二。一开始，当徒弟的，整天跟在师傅屁股后面，像是"好眼朱"的专职秘书。

有一天，一家姓许的人家找"好眼朱"看画，李小二一打听才知道师傅派头十足，本地数他看画最好的，李小二不由得开始佩服师傅"好眼朱"。李小二一看这些画，可不得了，张张都是名家大作，让李小二看得眼花缭乱，应接不暇：有关山月的，有齐白石的，还有张大千的……还有什么"牡丹王""洛阳第一花""北京第一峰"……"好眼朱"上上下下、仔仔细细地打量着这些画，仿佛就是罗丹的思想者，仿佛进入了忘我的境界中。"好眼朱"一开始看到这些大人物的名字，心里很畅快。可是看到后面这些名字，就收敛了笑容，皱起了眉头，心里想着：这肯定是一些江湖人士。姓许的人还说这些画都来自九十年代，是别人向他兜售的，现在想变现。"好眼朱"的眉头顿时拧成了疙瘩，但是他一直没吭声，好像在思索什么。

果然，"好眼朱"想得不错，这些画都是假的，一件都不是真的。姓许的人家霎时像被雷电击了一样，倒在地上，就像瘫痪般。因为他买这些画用了七十万，在九十年代这个数目已经到极限！谁能不像姓许的人家这样呢？

"好眼朱"无可奈何，只好带着李小二回去了。

在回去的途中,"好眼朱"告诉李小二不少秘诀。他说看画要看纸、印、字、墨,还有时代风格,像那户姓许的人家单看纸就知道是仿的画。因为那些纸黄得不自然,就像脏水的颜色。

"好眼朱"说着说着就到家了,李小二心中默默地想着,头一天跟着师傅出门就学到了买画知识和看画基本常识,我一天就明白了,恐怕别人一辈子都不明白呢!

老师在批改这篇作文时给了"A++",据说班上很少有小朋友能得此评级。在评级之外,老师还特地留下一段朱批:"小作者对父亲的个性了如指掌,写得生动,而且还会模仿,有水平!"在我看来,老师或有奖掖后进的溢美之心,但文中所提及的"好眼朱"形象,确乎是我在某一时间的工作和生活状态。但女儿没有留意到的是(或者说是故意略去了),我在鉴定书画之余,常常对寓目书画有感而发,从而不吐不快,于是笔之为文,因而也就有了现在所见到的这本书。

基于工作关系或个人偏好,书中所涉及的主题可谓博杂:有书法,有绘画;有谈风格,也有考据史实;有鉴定,也有收藏;有论古人,也有谈今人;有谈美术史,也有论鉴藏史;有谈题材,也有谈交游;有综论,亦有个案探析……总而言之,涉及书画鉴藏的各个层面。但有一点是贯串始终的,那就是透过书画家及其作品,可以借此略窥明清以来书画鉴藏的状态、背景与嬗变。所有这些信息的获得,都是来自于对史实与图像的解构与探索,是在作品之外的别有洞天。故书名定为"画外乾坤",或许正是机缘于此。

凑巧的是,在即将交稿的2017年4月,美术史学者傅申先生应北京大学文研院的邀请,在北大举行两场题为"书画鉴定通则散论及举例"的论坛活动,而我则受邀参与其中一场讨论。在会议间隙,我向傅先生谈及此书,希望他能写几句嘉勉的话。让我始料不及的是,时已朝杖之年的傅先生在客舍里快速地浏览书稿后,在论坛结束前,就赐下了序言。当然,为此事居中斡旋的田洪兄出力尤多。

在2017年5月交稿后,因为我和审稿编辑都忙于他事,书稿一搁便是一年有余。虽然如此,我却获得了意想不到的惊喜,那便是有机会在付诸剞劂之前替换几篇后来才发现略有瑕疵的小文,使我将来不致有悔其少作之憾。

书的出版,有赖于贾宝兰老师的垂爱,更离不开责编唐明星的辛勤劳作,是她们的不吝付出,才使这些文章得以聚在一起,呈现在读者面前。

2018年10月8日于京华之景山小筑

(朱万章《画外乾坤:明清以来书画鉴藏琐记》,生活·读书·新知三联书店,2020年6月出版)

《此中有真意:葫芦在中国画中的嬗变》后记

因为喜欢画葫芦的缘故,就想知道古往今来的艺术家们都是怎样画的,于是便开始留意传世作品和文献记载中的葫芦画。自癸巳以来,我相继撰写了齐白石、陈师曾、金农、钱慧安、吴昌硕、陈半丁等十数人的葫芦画。一开始并无意出这本书,所以遇到合适的材料便写,随心所欲,漫无边际,故这些文章均散落于各处:先是刊发在报纸或学术刊物,后来按照时代和主题编入自己不同的文集,如《明人笔下的葫芦》载《梧轩艺谈录》,《钱慧安的葫芦画》载《画里晴川》,《赵之谦的葫芦画》载《画林新语》,《周闲画葫芦》《"到处天机奔放"——朱玘瞻的葫芦画》和《侯北人葫芦画中的禅意》载《画前月下》,《丁衍庸

朱万章《此中有真意:葫芦在中国画中的嬗变》书影

的葫芦画》载《画余味象》，《小题大做：齐白石葫芦绘画研究》载《鉴画积微录》，《从藤蔓到配饰：王一亭的葫芦画》载《鉴画积微录续编》，《葫小乾坤大：清代人物画中的葫芦》载《明清书画谈丛》，《明代绘画中的葫芦》和《与古为新：吴昌硕葫芦题材绘画探究》载《过眼与印记：宋元以来书画鉴藏考》，《陈半丁葫芦题材绘画研究》和《赵少昂的葫芦画》载《画里相逢：百年艺事新见录》，《金农的葫芦画》《虚谷与葫芦画》《陈师曾与葫芦画》和《潘天寿的蔬果画》载《画外乾坤：明清以来书画鉴藏琐记》，共计十八篇。再后来，又陆续写了《元代绘画中的葫芦》《"二苏"画中的葫芦》《"二居"画中的葫芦》《赵浩公的并蒂葫》《陈树人画瓜与山居之乐》《钱瘦铁的葫芦画》《王个簃的葫芦画》《苏卧农的葫芦画》《饶宗颐也画葫芦》等十篇。这时候，无论就主题还是体量来看，单独出一本书的时机已经成熟。恰在此时，广东人民出版社郝婧羽来邀稿，自然也就水到渠成。需要说明的是，在寓京以来付诸梨枣的十余本论著中，除再版重印或文章有增补修订者外，两书之间，并无一篇雷同，也就是常说的无"串货"现象，唯独这本书是个例外。这是需要向读者诸君说明的。我的初衷，是希望通过相对集中的古今绘画中的葫芦形象探索，由个体的兴趣延伸至特殊的美术史视野与书画鉴藏新知。或许这也是本书的意义与关注点所在。

有趣的是，在交付书稿进入编印程序后，我又写了《宋画中的葫芦》《徐世昌的葫芦形画》《陆恢的葫芦画》《唐云的葫芦画》诸篇。看来，这本书只是我的撰写葫芦题材绘画的一个中场，并非结点。这类文章还将继续下去，直到再无新画和新文献的发见。

我喜欢读书法家和书学理论家刘涛的文章，更喜欢他的书法，因而本书盛邀其题写书名并获慨然应允。此书玉成，责编郝婧羽出力尤多。在此，不胜感祷。

2020年5月2日于西坝河左岸

（朱万章《此中有真意：葫芦在中国画中的嬗变》，广东人民出版社，2020年8月出版）

卷三　梧轩题画录

按，此题画录撰成于2014至2016年间，凡八十三则。其题画大抵有两种类型：一为旅途中，有感而发记于纸素，返家时再题于画；一为绘画时直接题于画。无论哪种情况，都为记录一时之心迹。

1. 讲座归来

"劫后残躯心胆寒，无聊更变却非难。一心要学葫芦诀，无故哈哈笑世间。"此为齐白石《画葫芦》诗。甲午初冬某日，赴北京画院讲《陈师曾与齐白石的艺术交游》，讲座归来，颇生感喟，遂捧读白石诗草，与某君戏言曰：若随意翻至某页之右侧第二首，即为当晚抄书之小诗，不想一翻即见《画葫芦》诗。余平生画画独钟情于葫芦，今一翻则见葫芦诗，莫非有天助欤？抑或与白石老人心有灵犀欤？眉州后学朱万章拜书。

2. 佳想雪犹晴

"醉吟人易老，佳想雪犹晴"，随意翻缶老诗集，得《春社日》一首，录之以遣兴。近日偶得感冒，复染咳疾，天气转凉，颇感不适，实乃南人北渡之窘态。惟研墨搦管，纵情笔墨之间，方可缓解不适之感。今赴北京大学艺术学院讲《书画的地区性作伪》，讲课归来，狂风大作，寒气袭人，但见室内暖气融融，顿觉温馨，又非南粤之冬可比拟矣。甲午十月初九夜于景山东街之梧轩小筑，时月明星稀，朱万章记。

3. 有笔有气

"书画一体，为其有笔有气也。此语为士大夫言之，如工人软弱之笔，虽布置缜密，设色鲜明，终近乎俗，否则爪舞牙张，筋骨显露，既非正派，谬许北宗，于斯道失之远矣。"此乃清人蒋骥撰《读画纪闻》一则，深夜诵之，颇合吾意，古人所云"于我心有戚戚焉"，此之谓矣。甲午初冬于京城东垣之沙滩北街寓所，眉山朱万章，时方有厦门之行，久未捉笔，研墨试纸，不觉有生疏之态也。

4. 汝帖

"望嵩楼高高入云，旧藏汝帖天下闻。松煤拓纸岁万本，官司厌苦征求纷。楼瓦飘零碑坠地，过眼云烟等闲弃。谁从灰烬拾遗珍，石烂犹存古文字。"此为清人孙灏所作《汝帖》诗。忆昔丙戌秋杪，余赴香港中文大学文物馆访学期间，得观所藏宋拓剪装本汝帖。该帖曾经吴荣光、吴尚瑢、钟毅弘递藏，流传有序，保存完好，允称精良。今应豫省文联等单位之邀，将赴汝州，拜石参会，良可期也,遂抄录此诗以应主事者之约。久未捉笔,毛笔几为键盘所取代,颇有生疏之感,惶恐书之,以博方家一哂。甲午初冬眉州后学朱万章于京城景山东街之梧轩小筑,时将有南粤之行。

5. 君爱岭南山

"君爱岭南山,虽好携不得。安得怀袖间,有此英州石?"偶读清初陈恭尹《独漉堂集》,得《为徐序仔题画》一首,晨起诵之,颇有同感。珠流璧转,回想北上已有年余,今应广东中国画学会之邀,返穗参加"北往南来:百年中国画大家与广东"学术研讨会。从北国之冬到南国之春,一日之间,历经寒暑,同行者多感慨岭南佳景,四季如春,余独感喟韶华易逝,时不我待。回到旧居,砚田已涸,遂研墨捉笔,得葫芦小画数帧,以应某展会之请。久未在故地写画,多有生涩之感。余作画,往往乘兴而笔,败兴而罢。近日兴致小佳,寥寥数笔,或可见一时之心境。甲午大雪日,眉州后学朱万章时客穗城之意居室。

6. 葫芦之最早者

有朋自浙发来新出土之葫芦残片,据其所言乃六七千年前良渚遗址故物。余平生所见葫芦实物,多不早于明清两代。以葫芦造型之古物,则可追溯至战国。今所见之葫芦,足可将认知时间上推五千年有余。据此可证古人所云学海无涯之谓。近日南下,多见葫芦,兼及葫芦造型之瓷器、雕刻。与葫芦结缘，如影随形。无论南葫、北葫，抑或域外之葫，更兼以葫芦形状之文玩、杂项、绘画，无时不入眼帘，无时不进心扉。泼墨间，往往葫在眼前，藤萝摇曳，绿叶扶疏，恍若置身瓜棚架下，颇有故园佳趣。甲午大雪后三日，眉州后学朱万章于京广高铁之河南段，时见窗外麦田泛青，春意盎然，不知季节已转换。

7. 此中纨扇自无秋

"谁道芳华容易谢，此中纨扇自无秋"，此为南田翁句，一口气抄录数遍于纨扇中，配之以各式葫芦，以陆续还清画债。甲午冬月宥日，闲来无事，将数月前邮寄京城之书拆箱分拣，得数种多日遍寻不获之书画典籍，喜不自禁。其中便有恽氏《瓯香馆集》，偶得此句，颇有合于吾心焉。近年舟车劳顿，往还于南北之间，静下心来读书之心境不常在。数日未读，便感笔下索然寡味，腕底无神，或有面目可憎之嫌。今再捧读，精气神复至，似有减轻愧疚之势，我心稍慰，遂援笔记之，以志一时之心迹。眉州后学朱万章，时窗外寒风呼啸，室内温暖如春，不啻有天壤之别焉。

8. 又见冬至

"日近山红暖气新，一阳先入御沟春。闻闲立马重来此，沐浴明年称意身。"此乃唐诗人王建《冬至后招于秀才》诗。时光荏苒，转眼又是冬至。忆昔第一次画展，即壬辰冬至前后，于粤省之顺德西山庙中。是展乃友朋撮合，首次将笨拙之葫芦公之于众。自此以后，各式展览不断，至今已有近十余次。虽然众说纷纭，誉之者推为文人画之现代转型，毁之者则目为胡乱涂抹之作。无论毁誉，已然走过数载，作品为多家博物馆、美术馆典藏，差可稍慰。吾本学人，非求画之工与拙，志在似与不似之间，各位看官以为如何？甲午冬至日眉山后学朱万章于京城。

9. 全国美展

"论画讲形似，见与儿童邻"，此为乡前贤苏轼之语。千余年来，已成论画之铁律。然近日往观备受诟病之十二届全国美展，其中国画诸作，装饰性与工整性充斥其间，或有与相机争宠之势，顿感传统中国画精神正渐行渐远，人文精神正随着画家文化素养的缺失而消减。东坡居士或再世，不知何感？所谓笔墨当随时代，若徒具其形而忽略其精神内核，其笔墨之意义何在？其时代之价值安在？若干年后，诸画皆成古画之时，后之论今，又怎如今之论古？或徒留笑柄于后世欤？满腹困惑，无处得解，遂挥之于毫端，或诸君有同感否？甲午冬月敬日，眉州后学朱万章于京城东垣之梧轩小筑。

10. 君问奇书我访碑

"把卷扪苔各自知，峄山济水喜相逢。忙中握手无他语，君问奇书我访碑。"此为清人黄小松为张荫堂所作《载书图》题画诗。今复读之，颇堪玩味。今恰逢返乡办展，归居乡里。忆昔年少之时，曾约两三好友访碑于深山茂林中，若乾隆、嘉庆年间石碑最夥。匆匆那年，虽少不更事，但自此对古物情有独钟。于今，各种大开发，古碑多不复存，惋惜之余，不无伤感。建设与破坏往往如影随形，难舍难分，令人唏嘘。甲午冬月初十，亦为洋历新年元旦，朱万章并识于蜀中眉山城中。

11. 多谢秋风得力

"黄金从来有价，白玉自喜无瑕。多谢秋风得力，一齐吹到吾家。"此乃白石山翁题《黄白菊花图》诗，今录之以咏葫芦，亦有暗合之意。葫芦乃秋之硕果，满园秋色，金黄满园，是之谓矣。前人有"自古逢秋悲寂寥"句，吾则每逢秋季多欣喜。秋乃葫芦成熟季节，亦是收获之季。遥想故园秋趣，果实累累，倍感温暖充实。甲午冬月，随诸友游某书画城，得观门店所悬硕大葫芦一枚，遂感怀纪之，以应友人之请，梧轩主人朱万章时客淄博。

12. 可染山水

"用最大功力打进去，用最大勇气打出来"，这是李可染在其山水画中的题跋语。甲午冬至后一日，携两三同事往观李可染山水画展。各时期李氏山水，目不暇接。唯此语印象殊深。李家山水，于廿世纪中国画坛，独树一帜，此论自不待吾辈言，余独对其山水画上之题跋兴趣尤浓。其于画上题记，或记其从艺经历，或述其行踪，或阐发议论，多发人之所未言，颇有齐师遗风。反观今日之山水作家，多署穷款，既无长题，更遑论阐幽发微，所谓古风不再,慨可叹也。眉州后学朱万章于北京画院观展归来。

13. 不忘初心

入冬来,进入年终总结季。工作总结之外,余喜作私家小结。回首一年,时间如白驹过隙,不胜感慨。工作之暇,本年讲座与展事最多,余曾戏言,此如新妇入房,往往身不由己。近年来,画兴大发,加上诸多朋友激赏,遂一发不可收拾。然无论展览频仍,无论画集梓行,实乃学术研究之延伸与扩展。即便有喧宾夺主之嫌,实为随遇而安、修身养性之举,明眼人当察之。网络流行语之"不忘初心,方得始终",正与我相吻合矣,亦为送别甲午年之语。甲午冬月,即将付梓之画集《沐秋》校竟,遂有感而发,聊记数语,以志铭感云尔,梧轩主人朱万章于京城之景山东街。

14. 诗画相参

宋人吴龙翰云:"画难画之景,以诗凑成。吟难吟之诗,以画补之。"此语道出诗画相补之意。古人又谓"画是无声诗,诗是有声画",可谓悟出诗画一体之真谛。近来涂抹画作十数件,颇觉力有不逮,笔下无神,实乃腹中枯竭,诗书不济也,遂心无旁骛,潜心捧读古人之诗,若衡山居士、南田翁、缶翁、白石山翁诸诗,心领神会,若有所得,而下笔如有神助,泼墨挥洒,不拘一格,益信古人之不欺我矣。黄庭坚曾言"三日不读书,便觉语言无味，面目可憎"，也是肺腑之言，深有体会。甲午冬月十八日夜，于京华之梧轩小筑，眉山后学朱万章并记。

15. 造物皆粉本

读南田翁画跋，有句云："余曩有抱瓮之愿，便于舍旁得隙地，编篱种花，吟啸其中，兴至抽毫，觉目前造物皆吾粉本。"此乃以造化为师，抱朴守真之谓。余画葫芦，多识南北东西之葫，每遇佳构，皆喜不自禁，临之，仿之，以求得其精神于万一。以故无论长柄葫、蝈蝈葫、手捻葫……多搜罗于毫端。日积月累，小有可观。今读南田翁"造物皆吾粉本"之说，颇有同感，遂略记于此，以志鸿爪。甲午小寒后四日于京华之沙滩后街寓所，眉山学人朱万章并记。

16. 为他眠不着

寒夜读书，至兴奋处，竟无睡意，遂再读书，翻《启功隽语》，得《失眠口占》一诗："诗思随春草，宵来涨绿波。为他眠不着，问我意如何。枕上匆匆写，灯前字字哦。剑南盈万首，想亦睡无多。"偶尔失眠，竟成美事，心遂释然。平生与启功先生有两次交集，一次为癸酉秋仲，先生南下办展，余奉命为新落成之粤博书画馆请先生赐题馆名；一次为甲戌冬，余赴京参加全国书画鉴定高级研讨班，先生亲为执教。他者亦多有晤面，但均为会议场合，并无交流。此两次会晤，皆印象殊深，仿佛如昨。今读其诙谐诗，复忆往事，聊记于此，以纪教泽。甲午冬月廿日，眉山学人朱万章记于京华之梧轩小筑。

17. 苦向前贤拜后尘

"著色湖州迹已陈，墨奴惟可论元人。分明照眼霜稍碧，苦向前贤拜后尘。"此乃壮暮翁题写竹诗。壮暮翁者，谢稚柳是也。余向喜书画鉴定家之书画，若启功、谢稚柳、徐邦达、苏庚春、杨仁恺、刘九庵、史树青等，往往爱不释手，回味无穷。诸家之中，惟谢稚柳先生未曾谋面，然对其绘画情有独钟。今捧读其写竹诗，再翻阅其山水、花鸟诸画册，均有相契之感。忆昔丁丑夏初，先生辞世，余代先师庚春先生拟发唁电，以寄追思，如今一晃便已近廿年。先生曾告诫，凡习书画鉴定者，须身体力行，临池挥翰，方得笔墨精妙。今秉承教诲，多有心得，正与"苦向前贤拜后尘"相通矣。甲午冬月于京华之梧轩小筑，眉山学人朱万章拜记。

18. 蜀画多奇逸之气

甲午冬月，应成都诗婢家美术馆之约，返蜀举办个人画展。正值洋历岁末，辞旧迎新之际，诸多亲朋旧友欢聚一堂，不无热闹之氛。闲暇之时，往观多位蜀人书画，颇有心得。蜀中书画，多奇逸之气，于今尤甚。晚清以来诸家，若聋道人刘锡玲、学者画家赵熙、大千居士张爰等，均有此气。今在蓉城所见多位中青年画家，亦多相似风貌。其画多豪迈奔放，无拘无束，不求形似而格调自高，与当下画坛所追求之工整与装饰趣味，判若天壤。或曰，一方水土养一方人，信然。新历元旦，梧轩主人朱万章谨记于蜀西之眉山寓所。

19. 犁春居主人擅画

书画鉴定家往往兼擅书画，明清以降尤甚。近世鉴定家中，谢稚柳、启功、徐邦达绘画尤佳，与专业画家相比，未遑多让。惟犁春居主人苏庚春以书法见长，世人多不知其兼擅绘事。壬辰春仲，余于粤博倡纪念苏庚春书画展，首次将其画作展示，慨可见其一斑。余平生所见先师画迹，仅三件，一曰菖蒲图，一曰墨竹图两帧，皆文人墨戏，兼工带写，颇具雅趣。曾于网络中见南方某地拍行售其兰花图，细审之则笔墨凝滞，未具其形，遑论其神，足见市井之徒之拙劣手法。可惜先生少作，兼早逝，人得零笺碎锦，宝若拱璧。今年乃其九十华诞，余亦远离粤省，惟于画中题识数语，以抒缅怀之意，并纪教泽。甲午冬月廿日夜，逛三联书店归来，闲翻诸书，忽忆及此，眉山学人朱万章并记于京华之梧轩小筑。

20. 罗汉与葫

冬日午后，步行至故宫延禧宫，观摩"降龙伏虎尽神通"展。该展悉为故宫所藏罗汉画，均系明清画人所绘。所展作品佳构不多，若丁云鹏、丁观鹏、冷枚、王方岳、李士达等，差强人意。然可观者，则有少量葫芦配饰者。葫芦之于罗汉，多为法物，以驱邪纳福。偶亦为容器，盛酒或水，以供长途跋涉。画中葫芦者，如冷枚之《十八罗汉像册》、寂住之《十八罗汉渡海图卷》、王方岳之《万寿山五百罗汉像卷》等，除冷枚所绘疑为容器外，其余皆为法物，亦可见明清两代画家所绘葫芦所兼具之宗教涵义。观展归来，时见冬日暖阳，蓝天祥云，一派和煦景象，正与画中所绘景物相衬矣。甲午冬月廿一日，梧轩主人朱万章并记于紫荆城北侧之景山东街。

21. 葫与明清贸易瓷

紫荆城之水晶宫，正展出沪博与故宫所藏明清贸易瓷。借观摩东侧罗汉画展之暇，顺道往观瓷展。余平生于器物类文物，向无研究心得。近年因喜葫芦之故，特专注于葫芦造型之各类文玩。此展中，不出所料，竟有葫芦瓷瓶四种，皆为景德镇窑青花瓷，或带耳葫芦扁瓶，或开光花卉纹葫芦瓶，或如意花卉纹葫芦瓶，或折枝花卉纹葫芦瓶。前二者为明代之物，后二者为清康熙年制。四瓶为装饰之物，故制作者考究器型之外，更兼侧重纹饰，亦可窥明清两代葫芦瓷瓶之特色。今日葫芦瓷瓶之观赏，实为意外收获，不能不记上一笔，以补葫芦器皿之阅历。甲午冬月廿一日午后，时从故宫神武门出，步行返寓所，途经护城河、景山东街，眉山学人朱万章并记于梧轩小筑。

22. 再读佃介眉

忆昔乙酉仲夏，余于粤省策佃介眉书画展，颇有考古之趣。佃氏寂寞一生，足不出潮汕，知其名者寥寥。然其精研诗书画印，桃李满天下，有"凤城才子"之谓。经粤博展览，知其名者渐夥。旋北上，复展于中国美术馆，并举研讨会，以故主流画坛，知其人者亦渐增。后再于深圳、潮汕诸地办展，梓行画集，撰写专著，并成立研究会，一时有"天下谁人不识君"之势。今再拜读其画，审其诗书篆刻，仍为其精湛之传统功力所折服。绘画中，于山水、花鸟、人物兼擅，笔墨超逸，不流于俗。即便于廿世纪六七十年代，主流画坛如火如荼歌功颂德之际，其亦仍我行我素，抱朴守真，心无旁骛。故其画无烟火气，更无世俗气，于海滨邹鲁别树一帜。惜其僻居海疆，且未谙交游揄扬之道，其画其人几近湮没。今复论之，无不有扼腕之叹。甲午冬月廿二日，闲翻旧书，得拙著《岭南近代画史丛稿》，中有佃介眉一节，感慨系之，眉山学人朱万章敬记于京华之梧轩小筑。

23. 梧轩之缘

忆未出蜀时，家中宅院，遍种梧桐树木。及至仲夏，绿树成荫，凉风习习。于是梧荫消夏，便成少年美事。后离乡背井，辗转南北，梧影渐远，而梧桐之恋却挥之不去，长驻心间。以故穗城寓所，便有聚梧轩之谓，一时名流如杨仁恺、苏庚春、马国权、傅申、王玉池、陈永正等均题写匾额，以增陋室之光。癸巳夏杪，余北上供职，为使梧荫不弃，遂名京华之寓所曰梧轩，以别于岭南者。近日读书，竟见王叔明有双梧轩，明人卞文瑜有《一梧轩图》，而南田翁有梧竹书堂，清人徐兆英有梧竹轩、周昂有据梧轩、许壮秋有碧梧轩。爱梧之心，遥遥相契于数百载,亦可谓隔世之缘。后再检索,以梧字命其斋室者,何止于此,古往今来,洋洋数十人,亦可见梧桐之魅力所在。《诗经》有"凤凰鸣矣,于彼高岗,梧桐生矣,于彼朝阳"之谓,或为文人钟情之故。甲午冬月廿二日,眉山学人朱万章并记于京华之梧轩小筑。

24. 汝州论帖

甲午冬月,予首赴豫之汝州。汝州以汝帖、汝瓷、汝石驰名,并称三宝,以故地以物名,名传千载。本次汝州之行,是乃汝州论帖。《汝帖》者,宋人王寀刊刻之名帖也。王文治有"粗漫传神"之誉。此次论帖,是以当地政府有《续汝帖》之举,邀集八方来宾,少长咸集,共论《汝帖》及宋以后之他帖者。予于《汝帖》,并无研究,因曩年关注清代岭南刻帖,遂以《潘氏家族与清代岭南刻帖》赴会。会中聆听方家高论,始知《汝帖》之源流沧桑。诸论之外,诸家更撰写题跋,并书之于纸,于会中展示,以继文脉。予近年因兼擅丹青之故,于临池一道,未尝稍懈,遂不揣谫陋,应约书写题跋两则奉呈。今在会场惊见装池精良之拙书,与他书相比,尤为惶恐,颇有露拙之窘。然是次乃初试小刀,求教于方家,亦可记上一笔,不论工拙矣。甲午冬月廿七日于汝州中瑞国际酒店,眉山学人朱万章并记。

25. 闲将故迹娱清兴

"禊叙当年托永欣,风流述作在斯文。闲将故迹娱清兴,取次相关足乐群。"此乃清人潘仕成在其所刊刻之《海山仙馆禊叙帖》中题跋诗。适逢"首届中国刻帖学术论坛"在汝州举行,予以潘氏家族刻帖为题发表演讲。清之刻帖,自宫廷而下,上行下效,蔚然成风。岭海之地,以潘氏家族为盛。今次以其刻帖参加论坛,本无可比之处,然可窥其清代民间刻帖之风。今之汝州,有刊刻《续汝帖》之举,乃集纳税人之资,以倡帖学。虽学人颇有微词,然与大兴土木,妄建楼堂馆所相比,实乃功在当代,泽被后世,正可谓"闲将故迹娱清兴"也。会议之暇,往观清道光间翻刻之《汝帖》原石,虽非完整,且有今人补刻之物,亦可领略"粗漫传神"之风采。予于帖学研究,向来视为畏途。今观《汝帖》,聊记感想于此。甲午冬月廿九日于京广高铁之鄂湘段,梧轩主人朱万章并记。

26. 图成行乐

"行处溪山屏八骀,不然乘兴弄扁舟。东吴占断闲风月,却画潇湘一段秋。"此为《红楼梦》作者曹雪芹祖父曹寅题《李煦行乐图》诗。康熙画坛,行乐图盛极一时。或一人画肖像,一人补景;或独自画像补景者。画成之后,往往数人题跋,多围绕画像主人,或咏诗赞美,或述其行迹,不一而足。时人之外,亦不乏后人跋语。此图即为一例。是日也,"李煦、曹寅与江南文坛学术研讨会"在京举行,盖因周道画像、禹之鼎补景之《李煦行乐图》而起。李煦者,曹寅之老妹丈也,二人过从甚密,拖尾题跋多关涉二人事，故此画由此揭开"红学"研究之部分谜团。予于"红学"，向无研究，今赴会，实为行乐图而来，并以周道诸画所蕴含之美术史、书法美学、文学价值探究，亦算是"我说我法，尔点尔头"。甲午岁暮，眉山后学朱万章谨记于国家典籍博物馆。

27. 吾自洗吾心

"得趣宁关树，寻声不在琴。双僮汝知否，吾自洗吾心。"此乃清人孙枝蔚"题王阮亭小像"诗二首之一。此图又名《抱琴洗桐图》。以"洗桐"名画者，于康熙画坛多有所见。就余目力所及，上图之外，尚有周道、禹之鼎《陈其年洗桐图》。梧桐乃凤栖之地，多为文人雅士钟爱。至于洗桐一说，或源于倪迂。陈眉公《倪云林集》有"高卧清秘，洗拭梧竹，摩挲鼎彝"之谓，至此，"洗桐"便有高洁之义。拭桐与涤身、革面、洗心相类，故为文人心仪，或为自我净化之理想境界。今在国家典籍博物馆以"周道《行乐图》的文献价值探寻"宣读论文，文中便有周氏绘《陈其年洗桐图》。会中多红学研究者，而余自顾茫然，独于洗桐之说兴趣尤浓，遂简记于此，以留念想。甲午腊月初五日，梧轩主人朱万章于京华之西城。

28. 鉴古多精识

"鉴古多精识，能披皕宋遗。画图珍妙笔，题咏重当时。渔浦番番改，枫江渺渺思。定应持二笛，一奏菊庄词。"此为近人夏敬观题《枫江渔父图》诗。图为清人谢彬写照、章声补图，曾为陆心源《穰梨馆过眼录》著录。陆氏于此书中曾言，其收藏之初，"颇受市侩欺，二十年来辨别渐精"，"积日累时，裒然成帙"，或可道出书画鉴藏之真谛。今观是图，世人多究其肖像图价值及题咏所透析之文化背景，予独探其鉴藏之源流及饱经数代之沧桑。今得台北毛文芳所著《明清文人画像题咏析论》，得观此图，有感于此，附记之。甲午岁暮，时在国家典籍博物馆与会，梧轩主人朱万章并记。

29. 葫与水仙

北游之后，初养水仙。因不识北京室内温度远高于粤地，故置于室中，未几，竟郁郁葱葱，花蕾绽放，呈现生机勃勃之态。有朋戏言，以此疯长之势，廿余日春节时必已凋零，断不能成就迎春之功。虽如此，予可提前赏花，先睹为快，亦可谓弄拙成巧矣。廿日后，予再南归，而彼地之水仙正值应节，恰能赓续美景，两不误矣。赏心乐事之余，以新得扇面数帧写画，得葫芦数枚，与水仙相衬，摄影留念，公之于微信，以博一哂。有好事者留言："对著水仙画葫芦君，水仙姑娘好桑心。"嘻嘻！予非有意，实乃无心，还请水仙姑娘大度为怀，不计小生之过也。甲午腊八后一日，眉山学人朱万章于京华之梧轩小筑。

30. 春到人间草木知

立春日，由北池子大街南行，步行至皇史宬，经菖蒲河公园，但见古树参天，蓝天白云，一派春和景明之象。

南池子街口附近，小河流水，柳条依依，似有吐绿之兆。今年冬天不大冷，万物萌动，春景蠢蠢欲动。过长安街，至国博北门，一路随手拍摄，佳景连绵，置于微信圈中，人气急升，点赞不辍。见此景，想起宋张栻《立春偶成》诗："律回岁晚冰霜少，春到人间草木知。便觉眼前生意满，东风吹水绿参差。"颇有同感。循旧例，立春甫过，便至新年。或可谓，今日乃甲午年之最末一日，抑或乙未年之第一日？予无意深究，然一年之计在于春，吾辈当惜此良辰美景，不负造化之赐，是为立春日之感喟也，眉山后学朱万章散记于京城之梧轩小筑。

31. 出门一笑大江横

有朋送来水仙头，遂随意养殖于室内盆中。未料不数日便枝繁叶茂，争奇斗艳。曩在南粤时，因室温偏低，往往春节方含羞待放，甚或元宵前后始绽放花蕾。或可见南北温差之大，使水仙有逆生长之态。以故每逢周末或夜晚，便可于窗台或画案摄之赏之，宛若直面画幅，予人无穷遐思。黄庭坚曾有诗云："凌波仙子生尘袜，水上轻盈步微月。是谁招此断肠魂，种作寒花寄愁绝。含香体素欲倾城，山矾是弟梅是兄。坐对真成被花恼，出门一笑大江横。"是乃咏水仙之作，然末句所言之境界，实非常人所能体悟。今观鲁直之诗，未有其愁绪，却有"大江横"之气势。此一时彼一时，水仙还是水仙，而时空已非北宋时空，世易时移，心境迥异。此乃近日赏花之悟，聊记之以存念。乙未立春后一日，眉山学人朱万章于京华之梧轩小筑。

32. 金石缘

羊年岁首，趁休假之暇，偕家人再游香江。游走之余，兼及探访名家书画。马氏达为，乃故交马公国权公子，承父衣钵，雅好书画。本次赴港，因缘际会，得以拜观其位于新界火炭之画室。室虽不大，但陈设雅致，室中悬挂俞越所书"一琴一研之斋"，颇有一室春风兰气之慨。达为古道热肠，尽出所藏金石书画，大饱眼福。尤可圈点者，乃其父辈遗留之彝器拓本，上有近世学人题跋数十则，或观款，或点评，或考证……题咏殆遍，目不暇接。若郭沫若、徐中舒、郭宝钧、王福厂、唐兰、徐森玉、黄葆戉、于省吾、谢稚柳、张鲁庵、沈尹默、张政烺、胡厚宣、王献唐、顾颉刚等，均一时俊彦，叹为观止。所题时间多为廿世纪五六十年代，其时马公方而立之年。诸家为学界翘楚，乃能应晚辈之邀欣然捉笔，可想见当时学界之风尚。如今，古风不再，斯道危存，慨可叹也。乙未正月初四夜于香港之沙田，梧轩主人朱万章敬题。

33. 钓虾

"儿时乐事老堪夸，衰老耻知煤米价。怜君著述钓鱼趣，何若阿芝絮钓虾。"此乃白石翁画赠于非闇《钓虾图》题画诗。羊年新正某夜，余因休假，难得赋闲。小女持《作文与考试》书来，言有齐白石诗，当为余所钟爱者。此诗乃香港作家董桥文中所引用，以此证明白石老人晚岁恋旧情结远胜常人。余无意领悟其要旨，独对小女以白石诗见示感念。常言，知父莫若女。小女于潜移默化中，已知余喜白石诗画，每遇之，必欣喜以见告。忆其髫年，与母游黄山而影摩崖石刻，言其予余研究之用，深为其幼年识吾趣而感动。今年已及笄，而仍处处留心，不减幼年，令人欣慰之至。春节甫过，忽有慵懒之态，今遇此事，遂振之，挥笔作跋，以纪小女成长之痕。乙未正月初十日夜，眉山后学朱万章于穗城东垣之意居室。

34. 又见壮暮翁

乙未新正，余访香江一琴一研斋。金石结缘外，尚得拜观壮暮翁题跋墨迹。谢翁与马公国权交游甚笃，曾为其画《丹霞山图》，笔精墨妙，允称佳构。此题乃为马公所藏唐人写经作跋。据谢翁考订，经书曾为罗雪堂鉴藏，"书体秀隽而内含拙朴，犹得元魏人遗意，为初唐写经之绝精者"。又谓，"今日见宋元人笔迹，虽断缣残楮，犹将珍若拱璧"，何况唐时旧物耶？雪堂书法源流，盖从唐人写经中出，据此可见一斑。余近年颇喜壮暮翁，每遇"断缣残楮"，必心旷神怡，以至流连忘返。今再见谢翁墨迹，自然喜不自禁，遂题跋数语，以纪念想耳。越十四日夜，梧轩主人朱万章补记于穗城之意居室，时将北归。

35. 带间笑指葫芦

乙未正月十八日，自南粤返京。惊见花期已过仍郁郁葱葱之水仙，欲与窗台试比高。而彼时粤中之水仙，多花落叶黄，不复盛景。尤可讶者，余影之以刊微信，无意中所见衬景之拙画葫芦，夺人眼目。此画乃去岁随意涂抹，而意甚不合，并未钤印，遂随意弃置，视之如芥末。今翻检之，与水仙映衬，竟别有一番意趣。有微友视若珍品，点赞有加。再细审之，上题陆游句："问子行装何在，带间笑指葫芦。"笔拙而意至，可堪回味。有友人戏言，他日再有弃之纸篓者，不妨留它数年。再视之，仍为废画，乃真废画也。不然，明珠暗投，亦未可知矣。虽为戏谑语，当以此自诫。廿三日夜于京城东垣之梧轩小筑，多日未捉笔，颇有生涩之感，眉山学人朱万章并记。

36. 葫与貘

偶见清人黄炳所绘《伏貘图》。图绘一老者手牵铁链，锁貘，貘之下颚悬一葫芦。貘者，古之异兽也。相传以铜铁为食，或专食人梦境，白居易有"寝其毗辟瘟，图其形辟邪"之谓。今见是图，葫芦与貘共存。葫芦亦有驱邪纳福之意。葫与貘，双管齐下，以达辟邪之胜境。图为黄氏故里某博物馆所藏，有执事者谓是图曰《伏貘图》，或并未深谙黄氏之深意矣。黄氏本不擅画，以陶塑知著，其画多具装饰性，题材亦多为俚俗钟爱者。惜其画不多见，存世者十不一二。此图或可见其画艺之一斑。乙未正月廿四日晨课于京华之梧轩小筑，时天空雾霾渐浓，亭台楼角，若隐若现，不复前日之两会蓝矣，眉山后学朱万章并记。

37. 青门路上千条绿

"谁卷珠帘望陌头，三眠无复旧金沟。青门路上千条绿，半是春风半是愁。"近读殴香馆诗稿，得"柳"诗一首。恰逢草长莺飞，万条垂绿下之时，读恽氏柳诗，别有一番情趣。惟南田翁命途多舛，故见杨柳，亦添新愁。近日途经皇城旧径，蓝天白云，春风微起，今见皇城垂柳吐绿，细叶裁出，令人神怡，可叹。年年杨柳，岁岁不同。韶华渐逝，杨柳依旧。近日途经皇城旧径，多是垂柳。蓝天白云，柳条摇曳，万种风情。好景不易，惜春更不易。乙未二月初六日，赏柳落班归来，随手摄影杨柳数帧，遂铺纸研墨，挥洒自适，以记一时之兴，眉山后学朱万章记于梧轩小筑。

38. 太似古人则无我

近日京粤两地观展，均见两位传统绘画之坚定守望者。画风多习古、摹古、仿古，若董源、巨然，至王蒙、黄公望、董其昌、"四王"等，几乎无所不工，工无不肖。国画精粹，自清末以降，日渐式微。己丑鼎革后，俄风渐炽，国画更为时政所左右，古风不再，斯道危存。八十年代后，古风去来，抱璞守贞者浮出水面。今二子之作，概见一斑，亦可圈可点。惟可忧者，如王石谷所言："太似古人则无我。"余以为摹古而不泥古，借古开新，既以古人为师，亦不弃江山之助，方能得国画之精华。乙未三月初二日于京沪高铁之山东段，梧轩主人朱万章急就，时有南京之行。

39. 不古不今之画

饶宗颐尝言："陈寅恪自言平生为不古不今之学，余则喜为不古不今之画。"今观饶公画，或可谓既古亦今之画。画中古韵盎然，摹古开新，又兼具文人学者之气，可谓难得。所谓古今，在于作者取舍，更在于观者感受。无论古今，无论今古，皆在画之意境。展卷之下，境界立现，又非旁人所能臧否矣。乙未上巳眉山后学朱万章归自白下，急就于京沪高铁之山东段。

40. 读书日课

书生搬家，最纠结者莫过于书。近数年，多次大迁徙，均为书所累，却又为书所慰。博士毕业，从北到南，廿余箱书；粤博乔迁，从旧到新，百余箱书；迁居新屋，从小到大，又百余箱书；供职国博，从南到北，再百余箱书。书随主人，舟车劳顿。余则甘苦自适，苦中作乐。每次搬书，必分类入箱，再分拣上架。每遇欲寻未见之书，惊喜重逢，如见故人，爱不释手。余常自嘲，搬书检书，或为自身修行，其间乐趣，又不足与外人道矣。乙未读书日，晨起日课，有感于此，梧轩主人朱万章并记。

41. 又见启元白

赶在"纪念启功逝世十周年"展览打烊之际，匆忙奔赴观展。元白书法，瘦硬通神；其画，朱竹松梅，学者之气，脱俗清雅。元白书画之外，尚有鉴家若史公树青，刘公九庵，皆一时之法眼，且多亲聆教诲，受益匪浅。而如今，哲人其萎，古风渐远。见其手泽，如见故人。观展归来，莫名兴奋，竟不能寐。晨起日课，抄录南田画跋数段于旧画中，以慰先哲。乙未上巳日，梧轩主人朱万章补记，时归都门。

42. 烟花三月下南京

乙未三月，因陕之人物画家南京办展，特邀参加研讨会。匆忙南下，半日研讨，再匆匆北归。画之倩影，如高铁般飞逝而过，唯车窗外转眸即过之杨柳春花，驻足心间。数日前，读一微信链接，题为"天天忙些破事，岁岁辜负春光"，颇有同感。人到中年，杂务更多，往往如山阴道上，应接不暇。今适逢兰亭修禊日，来六朝古都，竟无缘思接古韵，蹉跎美景，不无憾意。惟研讨会中遇旧雨新知，把盏言欢，差可稍慰。上巳日，眉山学人朱万章于京沪高铁之鲁津段。

43. 荔枝成熟时

有朋自增城来，贻我新摘之荔枝。听人言，今年雨水多，且此时未至时令，荔枝当不甚美。然食之，竟色鲜味美，大喜过望。忽忆数日前，观摩高二适书法展，有《噉荔枝》绝句云："樱桃日给荔枝子，贻我生新罨画楼。日晚乳脂帘外进，后湖更莫剥鸡头。"或有同感耶！乙未四月初四，梧轩主人朱万章，时海昌旅次。

44. 宾虹如何想

适逢宾翁百五周年华诞,各地展事及学术活动日多,聒噪之声亦多。近闻浙地某画家与粤地某报,哗众之议,不绝于耳,然宾翁实乃性灵起家,学问垫底,非常人所能企及。故学之者必败,仿之者亦徒具其形。以故仙逝后数年,竟无人器之者。近十数年,艺市日炽,宾翁亦红。趋之者若鹜,然能得其真谛者,不知凡几。宾虹若天上有知,亦不知作何感想。乙未四月初六,眉山后学朱万章,时客南浔古镇。

45. 胡须大件事

南浔研讨会,有前辈学者惊讶:此君无须,是万章耶?抑或仿品耶?余连忙作揖:正是原装正版,非赝品也。或问其故,余再曰:有好心人言,父母在,不留须,留必伤人。余未及考订,惶恐中连夜剃除,唯恐累及父母。蓄须近十年,一朝除去,似有不舍。然胡须事小,孝道事大。无论属实否,敬畏之心应存。有友人戏言,此事或可作一大文章矣。然小生不才,无暇为文,遂题一画跋以纪之,并请大方之家明鉴。乙未四月初,返京途中偶记,梧轩主人朱万章于京杭高铁之苏鲁段。

46. 书香犹存

因张珩研讨会,初入南浔。会事余暇,访刘氏嘉业楼。忆昔年少时,即知刘承干及藏书事。今日得见,如见故人。虽书已转藏他处,然人去楼不空,往日藏书盛景,宛如眼前。雕版刻版，琳琅满目。游人如织，亦未减雅兴。置身其间，读声雨声，隐约在耳；书香墨香，仿佛犹存。乙未四月初七日，归途记之，梧轩主人朱万章于京杭高铁之徐州段。

47. 海昌故郡

海昌故郡，地灵人杰。明清以降，文风尤盛。今次冶游，一日之内，遍观陈元龙、王国维、徐志摩旧第，并李叔同墨迹，获益匪浅。友朋小酌中，亦谈及家族八百载兴衰，颇有历史沧桑感。偶赴村庄采风，路经一水塘，辄曰：此乃刘伯温昔年醉后落水处云。驱车乡野，又云：此乃日倭所修旧路也。举手投足，无不触及历史长河，不无感喟。人之渺小，于兹可见。乙未四月初五，初访海宁，越二日，补记于湖州高铁站，眉州后学朱万章。

48. 偶遇枇杷

乙未四月初五，随友人驱车往海宁腾翔邨。据其言，元代时，族祖因一佩葫芦饰品之道人预言应验，官封万户侯，全村遂以葫芦为圣物，村后貌似葫芦之山亦名葫芦山。今专程拜观，但见青山绿水，却未见葫芦。惟可纪之者，友人种植之枇杷正值成熟。硕果累累，正可大快朵颐，亦可谓访葫之意外惊喜。饱食之余，想起宋人戴复古《初夏游张园》诗："乳鸭池塘水浅深，熟梅天气半阴晴。东园载酒西园醉，摘尽枇杷一树金。"或可为彼时之心境也。越二日，梧轩主人朱万章并记于湖州高铁站。

49. 奇逸孟丽堂

乙未四月十三，往农展馆观摩某拍行预展。得见曾熙所书短语挂轴。书不甚精，然文却颇佳："孟丽堂喜食糖果，食必数斤。醉后发笑，乃下笔为画，逸趣横生，名盛粤中。"孟乃常州人氏，流寓岭南，其画承恽氏没骨法，于粤画坛影响甚巨。若居巢、居廉，均得其法乳。然史迹所载极尟，今见曾书，或可窥其一斑。又其喜食糖果事，或可证其身体不佳，或患糖尿病，难怪乎短寿矣，一笑！翌日，晨起早课，梧轩主人朱万章记于京城景山寓所之南窗下。

50. 世间无事无三昧

日本泉屋博古馆藏明清绘画多且精。曾见所藏青藤道士绘花卉杂画卷，画精，题诗亦妙。诗云："世间无事无三昧，老来戏谑涂花卉。藤长荆阔臂欲枯，三合茅柴不成醉。葫芦依样不胜楷，能如造化绝安排。不求形似求生韵，根拨皆吾五指裁。胡为乎？区区枝剪向叶裁；君莫猜，墨色淋漓两拨开。"诗情与画意，堪称双绝。惟诗中言及葫芦，又为余所偏爱者，不可不录之以存念。乙未端午前一日，自都门返粤，于京广高铁之湘粤段，时校读《泉屋博古馆藏中国文物》稿，梧轩主人朱万章并记。

51. 黄慎画葫

近日应厦门某单位相邀，赴约举闽派书画研讨会。会中得睹黄慎画作多件。尤可圈点者，乃黄慎画铁拐李像。

画中人物多配葫芦。或为法器，或为容器，乃铁仙之标配。虽云配饰，然变化万端，不一而足：或偃仰斜卧，仙气外露；或系于一身，如影随形。据此悟葫之入画，乃随机应变，不拘于一草一木，一仙一僧。凡可与画中人或物相谐者，皆可安家落户，而不失法度。黄慎有知，或当暗自一哂。乙未五月十三日夜于鹭岛之牡丹万鹏酒店，梧轩主人朱万章并记。

52. 粤燕两居人

先师苏庚春曾有一印曰"燕粤两居人"，盖因不惑之年，自都门南下，扎根岭海，自此燕粤两地，乐得其所。半世纪后，余则自粤地北上，落籍燕京，从此粤燕两地，安居乐业。尤可讶异者，余北上之年，恰与庚师南下之时同岁，可谓后先呼应，或冥冥之中有定数矣，遂倩人刻一印曰"粤燕两居人"，以纪因缘。乙未五月十四日，自鹭岛北归，途经南粤，忽忆及此，眉山后学朱万章并记于厦深动车之潮汕段。

53. 幸有我来山未孤

乙未五月，自鹭岛北归。途经闽西及韩江平原。一路白云相伴，绿树掩映。平畴绿野，尽收眼底。苍穹之下，山川掠过。山虽不高，然蜿蜒曲直，忽隐忽现。平沙飞雁，湖山平远，悠忽间如置身南派山水之画境中。山本无情，乃观之者摄情矣。想起丰子恺常有一画题曰"幸有我来山未孤"，或有同感焉！越十四日，于厦深动车之陆丰段，梧轩主人朱万章并记。

54. 文人画之聒噪

近日粤之某报采访文人画之若干问题。老生常谈之余，颇生感喟。自王维、苏轼以降，文人画勃兴。吾以为文人画多为文人之余兴，修身遣兴，非为展览或标新立异。今人所谓文人画，多是功利性、自我标榜，画者多非文人画，画多怪诞奇异之作。人或诘之，则曰文人画，以掩画之拙怪。殊不知文人画非以怪为宗，更无需标榜，乃荒江野老屋中内心自省所为，若苏轼、倪迂、青藤、八大、石涛是也。近之若干小群体，动辄曰文人画，又与文人画何涉焉？若东坡有知，必当无语。乙未五月十五日，眉山后学朱万章于京广高铁之粤北段。

55. 瓦当之都

因举办博协出版专委会事再至古都西安。甫下高铁，筹办会务之余，即被朋友接至市郊之秦砖汉瓦博物馆。馆舍不大，然茂林修竹，环境清幽。犹可圈点者，乃馆藏瓦当既富且精。余于瓦当，本无研究，然一见朱拓，便喜不自禁，遂有题跋之冲动。此次所见之瓦当，纹饰之外，自一字至十余字均存，不一而足，蔚为大观。以内容论，凡四百余种，堪可称奇。越二日，再赴陕西历史博物馆，亦可见相似之器型，足可证秦汉长安，可称瓦当之都，当无愧色。乙未五月廿八日晨于古长安大雁塔假日酒店之南窗，眉山后学朱万章并记。

56. 瓦当与中国梦

瓦当用语，往往霸气侧漏，若"四夷尽服""汉兼天下"，实乃彼时之中国梦。两千余年，此梦未尝稍懈，或力有不逮，鲜有直言者。再若"延年益寿""千秋万岁""长乐未央"，更沿袭至今，乃妇幼皆知之吉语。无论居庙堂之高，或处江湖之远，无不引为梦想之境。以故研究瓦当，或可证中国梦之源头矣。呵呵，一闪之念，幸勿为大方之家所哂！一笑之！乙未初伏于西京高铁之豫冀段，回味近日所观瓦当有感，梧轩主人朱万章并记，时方自古长安东归。

57. 情意之间

偶观伊秉绶梅花图，玉柄凫风，极尽文人清趣。尤可佳者，乃画中郭尚先题跋："画不可无意，亦不可无情。无意则平，无情则索。即寸缣尺幅，当使其情不尽，其意无穷。"此论或可谓文人画之注脚，当为论画者所识，作画者所警示矣。余绘葫芦，或当以此为津梁。乙未六月十二自京赴沪途中翻检画册有感，时将有闽派与海派交融之论坛，梧轩主人朱万章于京沪高铁之济南站。

58. 又见曾熙

乙未仲夏赴沪，旧雨新知，又添雅聚。座中得识曾熙后人。农髯乃大千师，而大千乃吾师之师，故一见而神怡。坐而论道之余，得赠《曾熙书法集》。回到客舍，迫不及待，拜观一过。书中墨迹，蔚为大观，若篆隶行章草等,不一而足。曾氏所书,擅写书论,且多精辟之语,颇堪回味。若"六朝人以隶分为真,故骨力劲厚,而气韵渊逸。后人不解隶分,宜趋滑浮",诚为的论。六月十四日,眉山后学朱万章敬观,时客沪渎之九江路。

59. 季羡林日记

万米高空,翻阅报刊,得季羡林日记读本。日记悉为廿世纪卅年代所撰,多记述时贤笑貌,可堪玩味。若蒋廷黻之官样、傅斯年之重出身、胡适之假笑、陈寅恪之真博等,血肉丰满,为他书罕见。日记多为私密物,故不扬恶,亦不溢美,往往益足征信。今人多为键盘所役,无暇读书,更遑论日记?季氏于学术之外,真性情亦流露无遗,或可谓日记功莫大焉!乙未立秋后二日,赴美国公务,时于北美洲上空,梧轩主人朱万章并记。

60. 洋葫芦

日前赴美利坚,于美国自然历史博物馆中喜见葫芦一枚。品种若中国之长柄葫,然柄颇粗壮,瓢形大若面盆,据言来自非洲,与中国之葫芦判若天壤,所谓橘生淮南则为橘,生之淮北则为枳矣。又此葫被制成乐器,蒂部被挖空,疑为可敲打之用,亦为一奇矣。乙未六月廿六日,梧轩主人朱万章记于波士顿客舍。

61. 与古为徒

美国波士顿美术馆藏中国古文物甚夥。余访问期间,喜见回廊处悬吴昌硕书四字横匾"与古为徒",缶翁并有附记云:该馆藏吾国青铜器及名书画甚多,好古之心,中外一致,由此以推,仁义道德,亦岂有吴哉?据该馆学者云,该馆某部长与缶翁之日本友人交游,遂请吴氏题字,时光荏苒,今已有百余年历史。白谦慎据此乃成《与古为徒和娟娟发屋》一书,影响甚巨。今赴该馆,拜观所藏中国、印度、日本古器物及书画,亦觉吴氏所言不虚,遂小记之,以志鸿爪。乙未六月廿七日,梧轩主人朱万章于波士顿客舍。

62. 安大略湖

初到多伦多,即至安大略湖。湖光潋滟,水浪拍岸。远处高楼耸立,若隐若现;近处绿树成荫,青翠欲滴。但见海鸥飞来,与游人嬉戏;帆船点点,若在画中。据言安大略乃易洛魁语,意即美丽之湖,或闪光之湖。今见此湖,或证前人所见不虚。然李白、杜甫未曾至此,否则当留下千古佳篇。或悟景之愈美,而无名人留迹,终究缺憾。或此湖地处加国,引欧美文人竞折腰,歌咏殆遍,亦未可知矣。余无意深究之,湖动而心动,聊发微感而也,幸勿为方家所哂。眉山后学朱万章到此一游,西历二〇一五年八月十三日夜归,并记于多伦多客舍。

63. 瀑布与名画

甫至皇家安大略博物馆,即拜观一组尼亚加拉瀑布油画。画多为美籍画家阿尔瓦·费歇尔所绘,虚实相间,景象灵动，颇有身临其境之感。未几，即至瀑布处。虽屡观影视图像中瀑布，然亲临胜景，仍不免被震撼。画境与实景，各有所长，感受各异。忆昔曩年观画，多见此瀑布，若张大千、黄君璧、关山月、周千秋等，均曾留下画迹。再若欧美画家，对此写生者，不知凡几。倘若聚古今中西画家所绘此瀑布，策一展事，必当蔚为大观，震惊艺坛，亦为"唯有家山不厌看"之别版矣。梧轩主人朱万章并记于多伦多客舍，西历二〇一五年八月十四日，时将东归。

64. 一壶春色

访加期间，得皇家安大略博物馆赠扇画一册。中有清人袁桐所绘扇面一帧，乃写折枝梅花及茶壶一盏。作者自题图名曰"一湖春色"，并录金冬心原句云："峒山秋片茶，烹以惠泉，贮沙壶中，色香乃胜。光福梅花盛开，折得一枝归，啜数杯，便觉眼耳鼻舌身意直入清凉世界，非烟火人所能梦见也。"此题亦见于板桥《梅花茗壶》中，或为郑燮原创。无论画境，无论词意，或一壶春色更佳。不知何故以"一湖春色"命之。或笔误耶？抑或更有深意耶？或诚如冬心先生所云，非烟火之人所能解读也。袁桐乃袁枚侄，善诗文书画篆刻，为一时俊彦。乙未七月初三于多伦多至北京航班，梧轩主人朱万章并记。

65. 笔头墨尽意不尽

读清人李墅山水便面，得小诗一首："高峰叠叠天外空，苍烟连树涵秋容。笔头墨尽意不尽，参错溪流四五重"，意境深远，可堪回味。尤喜"笔头墨尽意不尽"句，于绘葫芦，更可相通，与前人所谓"笔断意不断"同理。吾于葫芦一道，往往不求形似，不问笔墨，更不求何家法，自何流派，或得其意趣而也。以笔墨为末，以意趣为本，随心所欲，意到笔到，不知看官以为何如？乙未七月初三，眉山后学朱万章并记于加拿大至北京航班。

66. 初秋时节又逢君

夏秋之际，陆续收到来自陕西、山东朋友发来之葫芦。与他者不同，两批葫芦均为某商家专门培植，鳞次栉比，蔚为大观，且种类奇多，不一而足。再衬以林木，氤氲万象，若梦若幻。葫芦有盆栽者，亦有混杂于藤萝植本者，或散植于庭院果蔬者，吴昌硕、齐白石所绘葫芦均不离此类。然以广袤树木繁植者，殊为罕睹。以故有微友见之即大为惊诧，直呼有密集恐惧症者慎入。此亦为初秋所见葫芦之一景也。乙未七夕后一日，梧轩主人朱万章并记于太行山麓之平顺客舍，时有中国美术太行论坛之行。

67. 学术不端

近日应约撰写清代某书家研究文。因久疏书坛，未能及时洞悉研究状态，遂遍检诸书，以观学术前沿。中有前辈学人某某，向为吾辈所敬重者，其论述尤详，观点亦与余相类，欲引用以资参证。然愈读愈惑，全文甚为眼熟。忽忆及曩年余曾撰小文于某书刊发，翻检对照，竟全文照搬拙文。细审文末，并未注明引用或参考文献，甚为愕然。某某为学者翘楚，学识宏富，竟也有此下策，足见当下学界之风，实可堪虞。闲中与诸友论及此事，竟也不乏同遇者。呜呼，学术不端，何故愈演愈烈耶？诸君或有良策以应对乎？乙未八月初五，时石渠宝笈研讨会，学界名流，八方来集，遂感喟系之，以记一时之慨，眉山后学朱万章于京华之天伦王朝酒店。

68. 写意精神

绘事不难于写形，而难于写意。得意而忘形，是为欺世；得形而忘意，是为媚俗。以故得意而不忘形，则为写意之真谛。今之花鸟画家，多徒具其形而意之不存，或失之千里，去古意甚远，不复为文人写意精神矣。今见诸家少壮派写意之作，或可颠覆现状，差可稍慰。乙未中秋前五日，应于洋兄相邀，赴"齐物见心"展并即席发言有感，时甫读祝枝山题画花果句，于我心有戚戚焉，梧轩主人朱万章于西琉璃厂之正观美术馆。

69. 月到中秋偏皎洁

"月到中秋偏皎洁"，此乃明人徐有贞句。乙未中秋晨起日课，录前人多首咏中秋诗，独喜此句。翻检画册，又得明人张路《赏月图》及清人石涛《水月观音》、罗聘《溪月黄昏》、张崟《关山月夜》、谢兰生《山情夜月》，均因月而绘，或独坐山涧，或水中倒月，或对月参禅，或月白风清，缘月而生静心，尘嚣远离，涤荡凡心，或为古人赏月之一景。今宵心安何处，杨柳岸晓风圆月。

眉山后学朱万章，于京华景山小筑之南窗。

70. 书香如故

长假日，陪小女进图书馆。九点甫过，阅览室已是人满为患。然见缝插针，终觅得一安静书桌。小女做功课，余则徜徉书海，若小鼠入米缸，饥不择食。近日南北劳顿，学术活动频仍，荒于阅读，颇有古人所云一日不读便觉索然寡味、面目可憎之感。今入书堆，随手捧读晚明人笔记掌故，便觉有清香徐来，惬意欲醉。微信圈中多有人晒路途暴堵、游点爆棚、商场爆购者，余则闭关静守，唯有书香如故，或亦为人生一大赏心乐事矣。乙未中秋后六日，梧轩主人朱万章于穗城之省立图书馆南窗。

71. 如见故人

桂花飘香时节，南下江南，共研近世留洋画人之作。曩年寓粤时，多见是画，若李铁夫、冯钢百、高剑父、余本、赵兽诸家，如数家珍。如今，他乡一见，如见故人。画作若斯人，虽不能言，然春风依旧，俨然久别重逢。人多不能承受岁月之痕，画作则有冻龄之貌。但曾相见便相知，以故研讨会中有感而发，不出谫言，或可证刘勰所谓"登山则情满于山，观海则意溢于海"，而如今，赏画则性迁于画矣。乙未九月初五，眉山后学朱万章时客吴门书香世家平江府。

72. 学术一端

偶读白谦慎《吴大澂和他的拓工》。书中条分缕析，考订精严。最为服膺者，乃所涉他人言论，无论前贤后学，无不一一述其原委。或为硕博论文，亦在参引之列。时下学者，多援引前贤，罔顾今学，即便参阅今人，多语焉不详，甚或引而不注。或曰：不愿，抑或不屑。究其实，非不愿也，实不端也。相较之下，何啻霄壤？白氏游学域外经年，深谙西人治学规范。今负笈归里，身体力行，激浊扬清，诚为后学之津梁，亦为学子之福矣。吾愿学界清明，天下无贼。呵呵！幸勿为方家所哂耶！乙未九月初六，梧轩主人朱万章于苏京高铁之鲁津段。

73. 拗叔不高兴

叶恭绰跋赵之谦（拗叔）画，云赵氏令江右时，藩司张某作画，乃刊一小印曰"拗叔不高兴"，钤于末。得者大窘，介人谢过，乃别作一帧，改钤一印曰"拗叔高兴"。其性情如此。此乃澳门"吴赵风流"研讨会中沪上学者所言，颇堪玩味，遂记之，以志一时风雅。粤东亦有画家曰熊景星，略早于赵。熊字伯晴，每遇索画者，多于画上钤"白情"小印，是乃"白作人情"之谓。凡付润例者，则多钤"伯晴"。此或与赵氏有异曲同工之妙矣。乙未九月十六日，眉山后学朱万章于濠江高美士街客舍。

74. 仇英亦画葫

偶见仇英绘《高山流水》小品，所绘一高士趺坐于山间茅亭，一樵者肩举一竿，竿上悬一葫，远道而至。画境姑置不论，然人物中以葫芦作配饰者，则为仇氏画中仅见。此葫当为酒壶，乃容器也，虽仅为点缀，却可概见葫芦入画，在明人中并不鲜见，当可记之。乙未立冬后三日，自吴门南下，时客义宁，眉山后学朱万章并志。

75. 明月清风

读山谷诗，颇有回肠荡气之慨。尤可圈点者，乃所喜之词句，多用之再三，而意境各异。如《鄂州南楼书事》中有"清风明月无人管，并作南楼一味凉"，而《答龙门潘秀才见寄》中则有"明月清风非俗物，轻裘肥马谢儿曹"。"明月清风"，尤为其垂爱，并散见于他诗中。如《宜阳别元明用觞字韵》："明月湾头松老大，永思堂下草荒凉。"而《上大蒙笼》则有"清风源里有人家，牛羊在山亦桑麻。"据此可知山谷之性情所在。乙未九月卅日，义宁举"黄庭坚研讨会"，与其事，闲暇读书有感，眉山后学朱万章于粤赣高铁之湘粤段。

76. 书卷气

清人查礼《榕巢题画梅》有云："凡作画须有书卷气方佳。文人作画，虽非专家，而一种高雅超逸之气，流露于纸上者，书之气味也。"此语甚合吾意，或遥遥相挈于百载矣。所谓书卷气，非从画中求，乃自画外得，非一朝一夕可易得。今之画坛，多求形似，惟装饰性与制作性至上，或与相机争功，而书卷气尽失，或为时病。然众所好之,画人从之而不觉。吾侪当以此自觉与警醒。乙未十月,晴窗漫读,偶有所感,遂援笔记之,眉山后学朱万章于京城之梧轩小筑,时大雪初霁,呈祥瑞之象。

77. 金吉金

扬州画派金冬心,自号金吉金。无独有偶,其友人龙泓自号丁钝丁,另一友人则自号石贞石(名不详)。三人均好金石之学,同享时名。其雅号之奇,如出一辙,亦为艺坛之趣事也。乙未腊月前一日,偶翻闲书得之,眉山后学朱万章于古潭州客舍,时有何子贞研讨会之事。

78. 麻姑与鹿

偶翻画册,得黄慎《麻姑献寿》。是图所绘麻姑手托仙壶。一鹿驮葫芦时卉,紧随其后。鹿者禄也,葫芦亦与福禄谐音,是为福禄寿之意,乃明清画家常见之画题。乙未腊月初一自长沙乘高铁,历十时至家。翌日,乃家父八十寿诞,夜阑人静,乃阅画册,得斯图,亦属缘分,是特为贺寿所备也,因以纪之,以志父恩,梧轩主人朱万章于眉山寒舍之南窗。

79. 开岁清供

"菜根切莫多油煮,留点青灯课子书",此乃乡贤大千居士题《开岁清供图》句,颇具深意。年来南北往还,荒于读书,今诵其句,如挹清芳。丙申新正,应酬无暇日,往来有油水,殊悔体胖,忽读此,有醍醐灌顶之感。

初九日,休假结束,梧轩主人朱万章呵冻于京广高铁之粤北段。

80. 大千怪论

奇士张爰,常发怪异之论。尝读其致沈苇窗札,中有论毕加索语,谓此公艺术成功,归结于两点:一曰"玩世不恭",一曰"神经不正常","所以造成不为世俗所拘的画风"。初读益觉怪,细审则颇合情理。盖艺术乃解衣磅礴、天马行空之道,非亦步亦趋、墨守成规之途,若梵高、徐渭即是,凡拘于形迹、故步自封者,则可称技术而非艺术,大千居士可谓得画之真谛。丙申正月初十,梧轩主人朱万章于燕寓之南窗。

81. 著书翻恨古人多

某日文思泉涌,遂信笔为之,洋洋数百言,以为他人之所未发,颇有自得之意。暇日翻画论,始知先贤已先予言之,益周详,遂删去不存,悻悻久之。继而读郑逸梅书,知其亦遇此事,清人丁显树更有"著书翻恨古人多"句,均有同感。未知同道中人,亦有同此境遇者否?丙申正月卅日,亦为欧西之女神节,眉山后学朱万章于京广高铁之冀豫段。

82. 桥南桥北桃花

"桥南桥北桃花,老子也爱繁华。仿佛倾脂河畔,画中红楼孟家。"此乃金农小诗,其弟子罗聘据其意绘图。

初看以为某树所画，细看方知遥遥相挈两百余载。此乃艺术之暗合，抑或传移摹写？近来某树有些小火，先是自媒体，再是展览，粉丝趋之若鹜。忽翻两峰画册，得其诗其画若斯，竟雷同如此。遥想当今，此画目之曰"怪"，故金农、罗聘名登"八怪"之列，士大夫不为。如今，此画誉之为"潮"，集三千宠爱于一身。可谓此一时彼一时也。丙申二月初八午休观摩展事有感，越二日，梧轩主人朱万章补记于京城景山小筑之南窗。

83. 读书与为文

丙申二月，晨起读《东坡志林》，言某君求教欧阳文忠公文字之法，答曰："无它术，唯勤读书而多为之，自工。世人患作文字少，又懒读书，每一篇出，即求过人，如此少有至者。疵病不必待人指摘，多作自能见之。"极合吾意。近日读诸多投稿，颇感彼文词汇贫乏，且多赘语，再审视己文，亦偶有同病，惟读书方可根治。尝闻某师言：凡文章增一字太多，减一字太少，方可谓之好文。益信之，亦惟读书方可臻此化境。越廿六日，眉山后学朱万章并记，时寓穗城东垣之意居室。

卷四　梧轩书籍题记

按，此为书写在所藏书籍之题记，以扉页居多。最早书于1986年，最晚书于2020年，以2019至2020年最多。多记录读书观感或藏书经历。

《鲁迅杂文书信选》题记

此书购自羊城冷摊，大约于十余年前。昨日检读，竟发现有六帧旧照，悉为单人男士，且有一张为军装。照片背后有"跃龙上街小学"字样，经考，此为广州海珠区下辖街道。我遂发微信及微博，寻求原照熟悉之人，以求璧还。此书及照片时代特征明显，有友人言当为五〇后人士标配，实乃一个时代烙印。翻阅此书，已有纸张发霉之味，益觉其年代之印记。书非公开印行，前有语录，但无任何阅读之痕，或为当时派发而非自购矣。庚子四月廿四晨起补记，梧轩主人朱万章于柳南。

钤朱文方印"朱万章"。

（鲁迅著，广州：内部印行，1971年9月）

《湖上闲思录》题记

一、朱万章，二〇〇七年二月廿七日，时客香江。

二、十四年前，客居香岛，其时终日浸泡于港中大之钱穆图书馆。钱氏在港度过其优游且学术成果迭出期。余常于校园寻觅其踪迹及著述，并于旺角书肆喜获此书。然在港倏忽之间，并无细读其著，今因疫情，始检出细读，深服膺其专研于人之学问。此哲学与朝中之学有霄壤之别。鼎革之后，所幸能做海外寓公，以故心无旁骛，成就卓著，未荒废于权倾与内乱。时代的一粒灰，在个人就是一生。在澎湃的大潮流中，个人往往微不足道，命如蝼蚁，时运与命运相济，方可超然世外，然古今以来，又有几人能逃出此怪圈呢？究其实，及时脱身的钱穆们是幸运的。庚子四月廿四日，午睡甫起，有感补记，眉山后学朱万章于柳南。

钤朱文方印"种葫得福"和"朱万章"。

（钱穆著，台北：东大图书股份有限公司，1980年8月）

《野芳集》题记

一、朱万章，二〇一七年四月廿三日世界读书日购于朝阳公园书市，未承想竟然是作者签名本，书价人民币五元，梧轩主人并记。

二、本无交集，却因藏其诸家尺牍，欲考订其故实而垂注其著述，亦称得上隔代之缘。此书获之于预料之外，却于《尺素清芬续编》诸文撰写裨益多矣，如关于朱屺瞻一文便是。苏氏于信札保藏早有意识，每信必粘贴入袋，标注来源，既有助于后人考订，亦有益于厘清因缘，少费周折也。所谓助人者即为助己，此言不虚。昨日读其公众号"也风流斋"，知其以近九十高龄颐养于穗城之养老院，仍笔耕不辍，乃晚年康泰之福，甚慰！庚子闰四月初八夜于柳南，眉山后学补记。

钤白文方印"朱万章书画记"和朱文方印"梧轩"。

另有作者签名"天来兄教正，苏晨"，钤白文方印"苏晨印信"。

（苏晨著，天津：百花文艺出版社，1982年9月）

《东坡志林·仇池笔记》题记

一、朱万章，一九九一年二月十日，四川眉山。

二、此乃大学时代最后一个假期于眉山新华书店所购。当日购之，一喜其东坡之书，一悦其价廉。其时书价已飞涨，惟此书因早前梓行，定价尚系涨价前。书蒙尘躺于玻璃柜侧，唤服务生方始得书。购之后，随读随置，从中大校园，到粤博职场，再至燕寓，未尝离身。始读并未有所觉，仅知可嚼味。马齿徒增，愈觉其味愈浓，如陈年佳酿，须细品、静赏，然又关乎人生阅历矣。东坡讲古人、谈养生、论治学、叹命运、记游历，均有所悟，尤其"抑人生自有定分，虽一饱亦如功名富贵不可轻得也"，乃于我心有戚戚焉。诚非饱经沧桑、知天命者不能道。两书诸文，多成于苏轼五十以后，故能发乎情而感于世。眉山后学朱万章补记于京华，时庚子四月廿五。

钤朱文方印"朱万章"和白文方印"万章"，另有菱形售书章"眉山新华书店"。

（苏轼著，上海：华东师范大学出版社，1983年3月）

《常砺集》题记

一、因做朱屺瞻致苏晨尺牍笺释，从孔网上购得此书，定价三元，运费十元，此书当为馆藏，尚无人阅过，书页均无折口，难得，难得。庚子三月梧轩主人朱万章于柳南小舍。

二、本集中因有一篇写朱屺瞻的文章《常砺》而冠名。书名亦为朱氏所题。朱苏二人为忘年交。拙藏朱氏致苏信札中可见二人之厚谊。苏氏以出版人而广交艺友，有地利之便，亦有人和，故其友朋中，不乏若朱屺瞻等诸多名流，但此种状态，似乎并不可复制，一个时代，已经渐渐远去，在网媒发达的当下，更是如此。庚子闰四月十四凌晨补记。

钤朱文方印"朱氏"和白文方印"万章""眉山人"。

（苏晨著，济南：山东人民出版社，1983年9月）

《中外著名中篇小说选1》题记

  此乃较早期购买的书籍之一，大致在一九八五年左右，其时正上高中一年级或二年级，购于四川眉山县多悦供销合作社。当时所有的新书与鞋帽牙膏毛巾等各类日用品并置，有独立玻璃柜陈列。读者不能翻阅，只能隔着前台柜子观望，仅看到书脊。因较少有人购买或翻看，故书脊上侧多蒙尘。若有看中者，便可求售货员拿出翻看，若连续翻看两本以上而不购买，售货员便给脸色，甚至直接骂骂咧咧，没好气地将书扔在玻璃台上，让你知难而退。此书我一翻看，当即便决定购下，售货员笑容可掬，急忙问我是否还有看中的其他书，并许我可以越过前台进入柜子前面随意拿出翻阅，让我受宠若惊，此是后话。

  此书定价二元，当时并无折扣之说，故原价购回。记得我的生活费每月八元，购此书后，半月不知肉味。因系斥巨资购买，同学们均惊诧与羡慕有加。课余闲暇，尤其是傍晚自习课之前，我必藏于蚊帐中精读此书。每读一篇，必写读书笔记，遇有精彩处，则即时在其侧记录观感。遗憾的是，读书笔记已遗失；庆幸的是，眉批尚存，且有几处记录时间，为一九八六年十一月。现抄录三段如次：

本小说描写了纯真、炽烈的爱情以及由各种原因形成的爱情悲剧，向人们展示了人间凄凉、人生事不遂意的一角。很显然，斯托姆颂扬了忠贞不渝的爱情，又鞭策了社会的不合理，但他并没有向人们提出改良的办法或向命运抗争的办法，而是让主人公随遇而安，听天由命，使作品缺乏必要的感召力。（【德】斯托姆著，巴金译《茵梦湖》）

志学之年即踌躇满志，可谓少年得志，而这与本人的艰辛和天才是分不开的。后来在多所大学深造，可谓博大精深，为日后的成长打下了坚实的基础。一个人的成才，不仅仅取决于他的天才和勤奋，更重要的还在于从小培养。若造成从小环境不育人的不幸，那一旦懂事后就得以加速度向前发展。否则……1986.11.10午。（评屠格涅夫）

简析高纽岱其人。在莫泊桑笔下，他俨然是一个正人君子，而且是革命派的模样展示在人们眼前，可惜他的行为和伟大的心灵与其称谓并不相称。他有着革命家的气派和贵族的高贵姿态，而且还有着民族的正义感和似乎令人钦敬的勇气。他的肖像再配上其令人失望的壮举，委实是一幅不错的漫画！他的出现，展示了当时巴黎公社革命前革命队伍的不纯洁。

十八世纪六七十年代，正是法国社会金融资产阶级和大工业家专制的时代，而路易·波拿巴的侵略扩张导致的1870年普法战争，使这种时代逐步走向解体。本篇描写的就是普法战争中"黎明前最黑暗的时候"，资产阶级和贵族们的丑恶嘴脸跃然纸上，既展示了侵略战争给人们的灾难，又再现了巴黎公社革命前的社会形态，结尾处暗示着一场大的革命风暴即将到来,那贵族的末日即将到来……1986.11.1阅。

评"羊脂球"其人:她是一个妓女,妓女是剥削制度的产物,对于她,应该是无可非议的,或者迫于生活,她只不过是法兰西社会下层人民悲惨生活的典型代表。同时,她又是一个杰出的爱国主义者,痛恨敌人的暴行。她不仅善良,而且还敢于忍辱负重,为了他人她可以出卖自己。这些性格与那些"高尚"的贵族、资本家相比,闪现出了奇妙的异彩。相形见绌之下,那些自以为高贵的上层人物是何等的龌龊、腐朽。

但是,她无法认识自己遭遇的原因,甚至盲目地捍卫法兰西第二帝国,抨击共和国,寄希望于腐朽的王朝。这也正说明了当时人们的局限性,暗示着一场轰轰烈烈的巴黎公社革命即将到来。1986.11.1评。(【法】莫泊桑著,张英伦译《羊脂球》)

真没想到,这些书评出自当时只有十八岁的我。其时之观点,尚具有浓郁的时代特征,受大环境宣传影响尤深,但当时读书之激动、慌张与寝食难安,还记忆犹新。因其时用力太深,以致影响功课,成绩每况愈下,故应届并未金榜题名,于是痛改前非,将书束之箱底,以悬梁刺股之精神奋起直追,翌年即考上中山大学,亦算是亡羊补牢了。进入大学后,如蠹鱼掉入米缸,故此书便受冷落。但因其承载一段重要记忆,故毕业后某次省亲返乡,即携之陪伴左右。从眉山至穗城,再至燕居,未尝离开书斋。

庚子芒种补记,梧轩主人于西坝河左岸。

钤朱文方印"朱万章"。

(闫纲、张韧、吴宗蕙、白烨编选,北京:北京十月文艺出版社,1984年10月)

《门》题记

一、朱万章,一九八六年十二月卅一日,多悦。

二、此书购于读高二时,因感于作者之名而购进,然读之维艰。也许不喜此翻译风格,或其故事情节未能打动我,故虽强迫自己阅读,但读至一半左右,终于放弃,以致其后影响到我对日本文学的美感。因此书系我早期以微薄的生活费购之,相当于半周的开销,故印象殊深。今从书橱中觅之,仍无兴趣续读,亦是奇了。庚子芒种日晨起日课,梧轩主人记于柳南小舍之南窗,其时书架上之旧书多重新检读,不小心触及此书有感。

钤朱文方印"朱万章"。

(【日】夏目漱石著,吴树文译,上海:上海译文出版社,1985年4月)

《情僧长恨:苏曼殊》题记

一、朱万章,一九八七年七月于眉山新华书店。

二、清醒的总是痛苦的。站在世界外看人生则是痛苦之中之最痛苦者。苏曼殊"无端狂笑无端哭，纵使欢肠已似冰"就是一例。他用带泪的足迹探寻人生的轨道，最终以含泪的苦笑结束痛苦，无疑为后人提出了巨大的问号。他不是第一个，决不是最后一个，伴随漫漫红尘的，是一大群"痴者"。他们是可悲的，却又是人世中最伟大者，最高尚者。朱万章，1989.2.20。

三、此书购于高考前几天。高考录取之前，陪伴我度过难熬的数十天。进入中山大学后，又一直如影随形。曼殊的心绪，一度曾有同病相怜、惺惺相惜之感，并于大二时写下了平生第一篇变成铅字的文章：《一个早逝的情僧——读〈情僧长恨：苏曼殊〉》，刊发于《博览群书》。现在看来，是苏曼殊固有的孤寂触动了年少时"为赋新诗强说愁"的孤独与惆怅，因而此书亦伴我共度最为艰辛的情感荒漠期。步入职业生涯后，此书离我渐远，而作为书画家的曼殊则离我渐近。后于二〇〇一年和二〇〇四年分别撰写研究其画迹之文，刊于粤港报刊。自此，苏曼殊的情僧身份转化为美术人物，而我亦从其情劫中跳将出来，直面一个画迹存世并不多的近世诗人。一段心路历程从此有了一个小的结点。现在回想起来，仍然不无感喟。庚子芒种，眉山后学再记。

钤朱文方印"朱万章"（两次）和"梧轩主人"。

（宋益乔著，太原：北岳文艺出版社，1987年5月）

《清晖集》题记

一、2000年左右因写冼玉清艺术研文,网购此书,忽忽已廿年矣。近又写尺牍小文,复检出此书,不胜白云苍狗之感。二〇二〇年疫情蜗居期间,梧轩主人朱万章补于柳南小舍。

二、近日撰黎雄才、黄宾虹与陈中凡交集文,亦翻阅此书,获益尤丰。书中所录之诗,多可助于近世治文学、美术及学术史者,是乃可用之书。此书之外,关涉陈氏之书者,敝斋尚有《清晖山馆友声集》《陈中凡年谱》,不一一述及。庚子四月廿五午后又及,眉山后学朱万章于柳南。

钤朱文长方印"味象"和白文方印"朱万章书画记",另有横方形售书章"芜湖市新华书店发行科"。

(陈中凡著,柯夫编,北京:书目文献出版社,1987年5月)

《查拉图斯特拉如是说》题记

一、朱万章,一九九一年六月廿日,中山大学。

二、此书购于广州市北京路新华书店,书价三元,时读大三下学期。其时利用课余时间做家教,每次五元,从中山大学乘船去书店,票价单程两角,故做一次家教专程去购此书,略有盈余。上世纪八九十年代,尼采学说风靡校园,不管是否真的喜欢,能购买此书,亦算是顺应潮流,不落人后了。此书入手后,断断续续翻了一段,因很快面临毕业,且图书馆藏书又富,故未能精读之。每念及此,颇觉当初购书之冲动及书趣外之缘由可叹。忆昔每逢寝室夜晚熄灯,室友必纵论天下而后睡。以探讨之频率论,尼采可博得头筹,故此书又是社交场合的不二法宝,呵呵。庚子芒种日,梧轩主人记于柳南,时因疫情闲居在家,似有退食之乐。

钤白文方印"朱万章"和朱文方印"朱万章"。

(尼采著,余鸿荣译,哈尔滨:北方文艺出版社,1988年1月)

《这一代的事》题记

一、朱万章,一九九五年五月十三日。

二、这是购进的第一本董桥的书。自此,迷董氏。迷其漫不经心的文字,迷其絮絮叨叨的故事,更迷其不温不火、波澜不惊的心境,以及营造的旧时月色、渐行渐远的文人意趣。寓京后,为培养作文语感,及消遣闲暇时光,每晚入睡前,必诵读一篇董桥方能安然入眠(否则即辗转反侧),当以此书为发轫。离开校园后,已无安静读书之环境,然每捧读董桥,即刻便能找到,故此书之引路之功,不可不记。庚子四月廿五,眉山后学漫记。

钤白文方印"万章"和朱文方印"万章印信",另有朱文购书章"中山大学出版社书亭"。

（董桥著，北京：生活·读书·新知三联书店，1992年10月）

《负暄三话》题记

一、朱万章，一九九七年元月九日。

二、廿余年前，颇迷行翁。书中所言赵丽雅，即为扬之水，余寓京后即与其相识，亦算是有隔代之缘。余所居之景山小筑，与行翁旧居仅有数十米之遥，然其时已归道山，未克识荆。某次研讨会中，与艺研院王镛老师闲谈，竟得知其乃行翁女婿，并告知其藏有行翁书法一帧。今再读其书，深味其畅达、冲和与平静之心绪。其跌宕起伏之婚姻，乃时代的一粒尘土，却改变其一生。沧海横流，万千繁华后留下的只是不灭的灵魂。今再读行翁书，得之矣，同时亦有感于与行翁剪不断的间接缘，亦遥遥相契于数十载也。眉山后学朱万章补记，时庚子四月廿四日午起于柳南。

钤朱文长方印"不似之似"和朱文方印"朱万章"，另有售书章"大时代书店"（朱文长方印）。

（张中行著，哈尔滨：黑龙江人民出版社，1994年6月）

《伸脚录》题记

一、朱万章,一九九六年三月一日,广州。

二、我向来喜读学者散文,以其不温不火、极富内蕴也。此书既写历史,亦写时人,文短而意长,不落窠臼,娓娓而谈,如邻家老头瓜棚豆架闲谈,倾听而不忍去。其书得名,亦富趣味,非熟谙史实典故者不能至,亦见其学养之一斑。此书常伴于车旅行路,因文短而易读,独立成篇而不费神思。读之十余年如故。庚子闰四月初八夜幕降临,时甫从双秀公园归,骤雨初霁,眉山学人补记。

钤白文方印"蜀人朱万章"和朱文方印"朱万章"。

(金性尧著,沈阳:辽宁教育出版社,1995年10月)

《书廊信步》题记

一、惊闻文学史家吴小如于十一日仙逝,年九十有三。在故纸堆中找出当年床头常看之书,忙里偷闲重温其所思所想,以怀念这位大学时代的偶像。朱万章,2014年5月14日。

二、依稀记得此书购于廿世纪九十年代中期"书趣文丛"受热捧时,得之于广州书肆。二○一九年十月三日补记于河北滦县千佳禧宾馆,梧轩主人朱万章,时陪同家人将去坝上草原度黄金周。

钤朱文方印"万章四十以后作"和朱文长方印"福自

中来"。

（吴小如著，沈阳：辽宁教育出版社，1995年10月）

《风格与世变：中国绘画史论集》题记
此书乃上世纪九十年代末香港李志纲兄购自台北。石氏美术史研究法颇多新颖之处，吾辈不及矣。庚子三月十一日梧轩主人朱万章补记于京华之柳南小舍。

钤白文方印"朱万章书画记"和"老家眉山"。

（石守谦著，台北：允晨文化实业股份有限公司，1996年3月）

《苍洱之间》题记
此书购于上世纪九十年代后期，于羊城书肆，常伴我于舟车之中。书中写抗战期间从蜀道赴滇南之所见所闻。离乱之际，学人之生活尽现。庚子大疫，再检拾翻读，感觉颇有不同。升平日久，恐多有动荡之时，上天祈福，佑我全宇苍生平安。庚子四月初十于西坝河左岸，梧轩主人朱万章补记。

钤朱白文连珠印"朱""万章"。

（罗常培著，沈阳：辽宁教育出版社，1996年9月）

《叶德辉书话》题记

此书含叶氏《藏书十约》及《书林清话》,乃藏书家经验之谈,一如书画之鉴与藏。其论书之语,近世奉为圭臬。余甚少藏书,多因读书而购进,若非深喜者,辄必不欲购,故读叶氏之书,多从书中见法书名画,而与典籍无涉矣。书中言"藏书与藏法书名画不同,子孙能读贻之,不能读则及身而散之,亦人生快意事",吾则不以为然,实则同理也。古今藏书或藏书画者,不乏牟利而藏者,本无可厚非,然非谙于藏之道矣。既藏而读而赏,倦之而散,吐故纳新,或传之其人,是乃藏之真谛。叶氏书话,多肯綮之言,于后世藏书者,示人以门径,亦乃后学之津梁。叶氏另有消夏诗百首,谈及藏书画之感,故其藏书实与藏书画同乐矣。此书与胡适、王国维、林琴南、刘半农诸书并置一套,并不为读者所喜。曾于十余年前穗城之数次书市见之,诸书堆积一处,贱价而鬻,犹无人问津。吾则择其叶氏与梁任公之书以归。庚子芒种后一日,梧轩主人记于柳南,时闲居近半载,得知疫情渐除,复工在即也。

钤白文方印"朱万章画印"。

(李庆西标校,杭州:浙江人民出版社,1998年7月)

《梁启超书话》题记

此乃选编者之美意,将梁启超所有关涉书跋、书序及读书心得之书衷辑一编，有助于窥探其与典籍有关之思想。书中大部分为文言文，亦有少量白话语，对古人及时人均有臧否。批评者多不留情面，如对胡适拟定之书单，便大加挞伐，认定其误人子弟，不值一提。对古人之书亦有痛斥者，如对《刘蜕集》，称其言之无物，妄自尊大，弥资匿笑耳，是乃与书话中多溢美之词迥异。书中尝谓我国不能将学问与禄利分开，故"恐学之绝，可计日而待"，而其时"我国数千年来不悦学之风，殊未有甚于今日者"，于今亦然。故虽为书话，实则谈经史，论时弊，倡改制，激浊扬清，拳拳之心若揭。忆大学毕业论文，选梁氏与《新民丛报》为题，颇惊诧其著述之丰之勤，日出数千言。今再读其书话，又诧其洞察之细之微。博学而明志，独学而兼怀天下者，不世出，梁氏其一矣。庚子芒种后一日，眉山后学记。

梁氏据理言事，不骄不躁，信而可征，然时出尖刻之语，嫉恶如仇，无寿征之象，于文中俱可见一斑。是日再记。

钤白文方印"朱万章画印"。

（绿林书房辑校，杭州：浙江人民出版社，1998年7月）

《两启轩笔麈》题记

十余年前购于广州书肆，近来坐高铁喜带此书，缘于文短隽永而深味矣，故可少读而多思。二〇一九年十月廿四日梧轩主人朱万章补记于眉山岷江东湖饭店。

钤朱文方印"聚梧轩主"。

（罗继祖著，上海：上海书店出版社，2000年9月）

《岭南金石书法论丛》题记

此书乃首本个人文集。其时，电脑尚未普及，多据手稿或已刊稿倩人录入，故错误不少，亦乏精校，故汗颜之至，有赖中山大学梁守中诸公指出，余亦有专文述及。此书梓行时，先师苏庚春归道山，遗憾未能亲见，香港马国权公亦未亲见此书，憾憾。庚子三月十一日眉山后学朱万章谨记于京华之柳南，时春华正茂却又疫氛未靖。

钤朱文方印"朱氏"和白文方印"万章""老家眉山"。

（朱万章著，北京：文化艺术出版社，2001年4月）

《夏志清的人文世界》题记

丙戌岁中，时赴港访学，购得夏氏《中国现代小说史》。此前已有此书。后收得夏致端木信札，遂检出此书，深味其治学之奥旨，于洞悉端木蕻良在海外的影响亦不无裨益。庚子三月补记于柳南小舍。

另：朱万章，二〇〇六年二月廿八日，香港。

钤朱文方印"朱氏"和白文方印"万章"。

（殷志鹏著，台北：三民书局股份有限公司，2001年11月）

《万青力美术文集》题记

一、朱万章，二〇〇四年，北京。

二、记得二〇〇四年在北京亚运村开黄宾虹研讨会，会议间歇送来几箱本书，会议代表踊跃抢之，陈履生特意为我留了一本。万青力先生亦在会中，其时所住宾馆为梁上君子光顾，所带之药品尽失，大惊而恐，遂报警，似乎追回药物，稍安。此事成当时会议之一大新闻，当时始知万先生患有重病。此书之前，已购过《画家与画史》，均乃可用之书，但凡涉及近现代史，万著必不可绕过。所论角度尤新，或长期旅居在外，受汉学研究影响之故，为吾侪所不及矣。今撰齐白石致帅铭初信札文，欲了解四十年代北京画坛及香港美术教育情况，此书未负我。然万氏早逝，不然其于美术史研究之功，当不止于今所见矣。庚子五月十八晨起，久疏砚田，泚笔为之，眉山后学朱万章于西坝河左岸。

钤白文方印"眉山人"和朱文方印"梧轩"。

（万青力著，北京：人民美术出版社，2004年6月）

《天然禅墨》题记

此乃十五年前所编著粤书之一，其时醉心于释氏艺术，于函昰用力尤多。此书亦乃罕见之线装本，然印数尠而不易得，弥足珍矣。庚子四月梧轩主人朱万章补记。

钤朱文方印"朱万章""万章""梧轩主人"，白文长方印"福从中来""朱万章鉴赏书画记"，白文方印"老家眉山"（两次）、"蜀人朱万章客居岭南之作"和朱文长方印"我用我法""蜀人朱万章之画"。

（朱万章编，杭州：华宝斋书社，2004年10月）

《中国画论研究·雅俗论》题记

始识荆，缘于因特网，其名曰"拐子凤"，后陆续得其赠书，又于深圳、杭州、北京、南京诸地研讨会中偶遇。其于画论精研之至。其学得之于俞剑华、周积寅，一脉相承，在校注之外，又多所发微，非传统阐释所比拟。此雅俗论，虽为常谈，却不乏新意，与俞、周相较，似有出蓝之势。新生一代，眼界既宽，又能借助"e数据"，有添翼之便，故能较前人更易博洽广闻。曼华女史为人谦和，又勤学笃实，其学虽与余殊途，然其门径，又可同归矣，庚子四月廿四傍晚于来福有邻楼南窗，嘉瓠楼主朱万章时年五十有四。

钤朱文方印"朱万章"和"种葫得福"。

另有书作者题记:"万章兄惠正,张曼华,〇六年夏"。

(张曼华著,北京:中国文史出版社,2006年6月)

《皓首学术随笔·季羡林卷》题记

向来喜读学人随笔短札,与鸿篇论著相比,或更可见斯人之性情。此书约于2006年购于羊城书肆,今因所藏季氏致端木信札,复检出,颇有见故人之感!庚子三月梧轩主人朱万章于西坝河左岸。

钤朱白文连珠印"朱氏"和"万章"。

(季羡林著,北京:中华书局,2006年10月)

《季门立雪》题记

一、余于十余年前,羊城书肆购得此书。其时喜其装帧及心仪季氏之学矣。今藏得季氏手札,复检此书,冥冥中或有因缘。庚子四月时客柳南小舍,眉山后学朱万章志。

二、依稀记得香江曾氏谈及钱氏,遂寻得此书,然已恍若隔世。当日与曾氏等纵论学术与艺术,今日竟连其姓名也不曾记得,令人唏嘘。此书属"海上文库"之一,未承想十年后,余亦有《画林新语》《画前月下》忝列文库梓行,或为冥冥中之又一缘。人生天地间,多有可知者,不可预知者。此或为一例。闰四月十四日凌晨补记。

钤朱文方印"朱万章"、白文长方印"朱万章鉴赏书画记"和白文方印"眉山人"。

（钱文忠著，上海：上海书店出版社，2007年1月）

《乡心无限》题记

一、对当代画家文集，向乏关注。然此书所涉画史资料尤多，不可不观。近日写朱屺瞻信札，有关朱氏在穗办展之事多有所及，可作一辅证也。庚子四月初八补记于柳南小舍，梧轩主人朱万章。

二、余与关氏曾有数面之缘，最早者当为一九九三年，然未有交集。余亦曾藏其《红梅图》，乃画赠宋良璧者。又有书法两帧，均为晚年力作。关与先师苏庚春亦有交游。在其生前，曾将书画捐诸深圳，故有关山月美术馆，是乃名人馆中之典范。闰四月十四夜补记。

钤白文方印"朱万章书画记"及白文长方印"朱万章鉴赏书画记"。

（关山月著，陈湘波、梁慧鸣编，南京：江苏文艺出版社，2008年1月）

《碧琅玕馆诗钞》题记

因冼子以女史晋身学界，又与寅恪为至交，又与画苑学苑耆宿多有交游,故一直关注之,并有多文论及,其诗可作诗史,其画雅趣,可并称二美。庚子四月,眉山后学补记。

钤白文方印"朱万章书画记""老家眉山",白文长方印"朱万章鉴赏书画记",朱文方印"梧轩主人""万章印信"和朱文长方印"蜀人朱万章之画"。

(冼玉清著,陈永正编订,广州:广东人民出版社,2008年8月)

《老蠹鱼读书随笔》题记

因爱其煮雨文丛之书,遂留心他书。从网上觅得此书,然纸质劣而手感差,殊可叹也,文尚可一读。庚子三月于柳南小舍,梧轩主人朱万章并识。

钤朱文方印"万章印信"。

(沈津著,桂林:广西师范大学出版社,2009年10月)

《王季迁读画笔记》题记

一、乙未网购于京华,丙申正月十二日补记于景山小筑之南窗,朱万章。

二、此书谈及之书画,多为台北故宫及海外所藏,以台北最夥。中国大陆公库所藏古书画，有上世纪八十年代全国书画鉴定小组逐一目鉴，有目录及图目行世，然台故宫及海外所藏，虽也有图目，但缺系统的鉴定意见，此书或可补其不足。书画鉴定之难，古人多有言及，非寓目万计者不能入其门。阅画无数，尚须天赋、才识、卓见与勤奋，故真能称法眼者，万不其一。时见某某一看某画即为真，一看某画目为伪，信口而也，不一而足，今之鉴藏界尤甚，多逞一时口舌之快。读此书，益觉前贤之笃实与博闻。余曾与王氏有一面之缘，他曾赠我"大观"条幅。此书之书与画，可当得此语。近日因网络有人误传大英博物馆所藏赵佶款《写生翎毛图》系真迹，然此画实系业界公认之明画。此书中亦有一件，辽博也有一件，世传有三，皆为明人所作。网路滔滔，众口铄金；指鹿为马，时下恶习。他年若有人见此，或可引为同道。庚子闰四月十二于京城东垣之柳南，眉山后学朱万章，时方策划明清肖像画展，于画迹之真赝优劣多所触及，有感及此。

钤白文方印"梧轩畅怀"和朱文方印"种葫得福"。

（杨凯琳编著，北京：中华书局，2010年12月）

《移动的桃花源：东亚世界中的山水画》题记
此书托香港李志纲兄购自台北。石氏于个案研究，视野宏阔，文笔流畅，于山水画研究启发尤多。二〇二〇年四月十日晨起眉山后学朱万章补记于西坝河左岸。

钤朱白文连珠印"朱氏"和"万章"。

（石守谦著，台北：允晨文化实业股份有限公司，2012年2月）

《萧山朱氏藏砚选》题记

九月的第一天，应三联书店唐明星之邀，赴本部为《画外乾坤：明清以来书画鉴藏琐记》签名。签妥后，唐小姐执意邀我赴其书库挑书。盛情之下，选了此书。因本无明确意向，只是随机选取，并未抱多大期望，未承想回来一翻，竟有惊喜，上有金冬心等人肖像，为日前正在做的明清肖像画研究增添不少辅助资料。砚拓内容，虽大多均非当事人所镌刻，也有不少伪托，但其中肖像画多可见其所依据之蓝本，亦可见像主之影响及传播之广度。此书精于拓，而疏于考订，中有不少人物故实未能详其本末，而书法亦不乏赝品，如陈白沙书迹，与其真迹相比何止霄壤，然能精拓精印，为学界及藏界提供可资参证之第一手资料，也算是功德无量了，故究其瑕疵，未免苛责。庚子中秋前一月眉山后学朱万章并识。

钤朱文长方印"朱万章"和朱文方印"梧轩主人朱万章"。

（朱传荣编著，北京：生活·读书·新知三联书店，2012年10月）

《八方序跋》题记

一、朱万章，2015年7月4日购于北京商务印书馆。

二、八十年代时，刘氏理论风行一时。后去国，遂淡出。曩年于香江购得诸书，颇感其故国之思。近于京得此书，不啻惊喜之至。以文艺家而论学术，以学问家而写散文，刘氏得之矣。庚子四月初五晨起日课，补记于西坝河左岸，梧轩主人朱万章，时年五十又四。

钤白文方印"朱万章印"和"朱万章画印"。

（刘再复著，北京：生活·读书·新知三联书店，2013年2月）

《故人书简》题记

一、2016年2月19日，网购于京华，朱万章并记。

二、本书多写时人与黄氏交游事，于黄裳诸多著作中，更易窥视一代人之行迹与思想。中有沈从文信札，谈及早年服饰史梓行之艰辛，被批斗、被领导沾名，后来则因孔方兄不足而图版不能及时配给，好事多磨。待付梓后，却又遭同行訾议或窃取果实。林林总总，概可见上世纪六七十年代以降学术圈之缩影。沈氏为余之前同事，个中所言，多感同身受，不少经历，又换一种形式循环再现，令人唏嘘。半个世纪以来，经济高速发展，生活日新月异，然人文精神及其中之艰难与幸运，似乎从未改变。时代与个人命运，从来如影随形。沈氏之不幸，是大家之不幸。今日视昔，难免扼腕；后之视今，又当如何？眉山后学于柳南小舍之南窗，时庚子闰四月十二，春和景明，然疫情并未远离。

钤白文方印"朱万章印"和朱文方印"梧轩主人朱万章"。

（黄裳著，北京：海豚出版社，2013年8月）

《那一张旧书单》题记

一、2015年7月1日，启真馆王志毅赠，乙未小暑前一日，朱万章记。

二、我向来将书分为可用之书和可读之书。此书当属后者。寓京之后，床头多放董公之书。此书之后，亦兼置俞公之书，因喜其轻快畅神、平铺直叙也。唯其非虚构，故不乏深邃；又以其文风朴实，非矫揉而引人入胜，渐入佳境，故非欲一读罢而后快。但恐读竟而失落，故每晚限定仅阅一篇而也，一月之后终释卷，怅然久之。今日回想，昔日欲罢不罢、强迫而罢之举仍历历在目。庚子闰四月初八日午后补记，梧轩主人朱万章于西坝河左岸。

钤朱文方印"万章四十后作"和白文方印"眉山人"。

（俞晓群著，杭州：浙江大学出版社，2014年1月）

《自画像》题记

以自画像名书之序跋书评者，此公之外，未之见也，亦可见其独出手眼之思，购之而无悔矣。庚子谷雨夜，朱万章于柳南。

钤朱白文连珠印"朱""万章"。

（陈子善著，上海：上海辞书出版社，2014年8月）

《感时忧国》题记

曩于香江得《中国现代小说史》，复垂注于夏氏。此书于五年前得诸羊城之李怀宇氏，但未尝细读。今检出其信札，遂有阅其书之举。夏氏不仅于现代文学多所发微，于中国传统文化及家山情怀，亦可见之于书矣。梧轩主人朱万章识于西坝河左岸，时庚子四月初四，年五十有四。

钤朱文方印"朱万章"和白文长方印"朱万章鉴赏书画记"。

（夏志清著，广州：广东人民出版社，2015年8月）

《六丑笔记》题记

一、朱万章，2016年5月19日北京商务印书馆。

二、购止庵书，一喜其装帧，一悦其文笔，然诸书偶有串货现象，周作人文集则未之见也，但不掩瑜。庚子四月补记于柳南小舍南窗。梧轩主人朱万章。

钤白文方印"朱万章画印"。

（止庵著，天津：百花文艺出版社，2016年1月）

《北京往日抄》题记

因近读谢氏书，有已有暮气之谓，惊讶而欲读其他书，遂于当当网促销之际寻得此书，然并无暮气矣。庚子谷雨后三日于来福有邻楼之南窗，梧轩主人朱万章并识。

钤朱文方印"梧轩主人朱万章"。

（谢其章著，上海：上海辞书出版社，2016年8月）

《琉璃厂杂记》题记

一、三日前网购得之，一气读竟，不忍释卷。书中典故艺事，多为他书未刊，于晚清民国艺市风云、人物故实者，多有精论，惜未有索引，翻检不便矣。庚子四月初四于得福有邻楼之南窗，梧轩主人朱万章并识。

二、书中言梁鼎芬、罗复堪、叶遐庵、罗叔言者，均独出一言，或可有助于了解其人之多面矣。其于掌故逸闻，多为亲历，非耳食之言，故可信也多。他日撰民国京华艺史者，当不可缺此书。庚子四月初四再记，梧轩主人朱万章。

钤朱文方印"朱万章"(两次)和白文长方印"朱万章鉴赏书画记"(两次)。

(周肇祥著,宋惕冰、赵珩、海波整理,北京:北京联合出版公司,2016年10月)

《用庐忆旧》题记

一、朱万章,二〇一六年出版社李怀宇寄赠,二〇一七年十一月十一日补记于梧轩。

二、记得一九九六年夏天,因与香港中文大学文物馆合作举办"居巢居廉画艺"展览,我首次赴港,由时任馆长的高美庆引荐,拜访了陈方正所长。陈身材矮小,微胖,但谈锋甚健。在寒暄之余,他还热情介绍了沈建华,称其也来自内地,系饶宗颐助手。陈赠送了一本中国文化研究所宣传图册,随后在展览开幕式上代表主办方致辞。因系一面之缘,印象并不深,今读此书,颇讶异其稳健、内蕴深厚的文笔。在其文化研究所杂忆中,尚谈及沈建华及金观涛、刘青峰夫妇。其时数次途经金观涛、刘青峰办公室门口,见其黑色烫金的小名牌贴于门上,有一次甚至约高美庆敲门拟拜见之,然碰巧不在,亦算无缘。因八九十年代两人之书风靡一时,获益匪浅也。陈氏此书,有不少乃有共同之记忆,然白云苍狗,倏忽之间,竟有廿余年。昔日文物馆同仁,大多已荣休,我则已北上供职,今翻阅此书,颇有沧海变桑田之感。陈氏文笔老辣,亲切自然,引人入胜,一如其笑容可掬之为人。庚子芒种后一日午后,眉山学人记于京华。

钤朱文方印"消夏"和白文方印"蜀人朱万章"。

(陈方正著,广州:广东人民出版社,2016年12月)

《字里书外》题记

一、二〇一七年四月四日于广州学而优书店,朱万章。

二、三年前购于羊城书肆,亟欲识其人,去年因唐吟方绍介识荆,其间多有微信往还,超越点赞之交。今欲梓行《此中有真意》,遂请其赐题书笺,不数日即奉获其题字五条,然未署名钤印,稍有遗憾。观其字,再识其文,确有不温不火之静气。在浮躁日盛之当下,不啻为一股清流。庚子大疫,居家所感,四月初十晨起补记,梧轩主人朱万章于柳南小舍之南窗。

钤朱白文连珠印"朱""万章"(两种)。

(刘涛著,北京:生活·读书·新知三联书店,2017年1月)

《近世艺林掌故》题记

余与君超虽相识较晚,然神交已久。曩年《东方艺术·书法》中,我们同时有专栏,在博客中亦能见其身影。我们有共同的研究趣好,本书所涉之吴湖帆、张大千、张珩、王季迁等，均在我的学术视野中，故甫获此书，即有故友重逢之感。万君非以专业人士跻身专业领域，成果迭出，可钦可敬，其研究视域及治学态度，即使置身专业领域，亦未遑多让，甚而诸多专业人士不及矣。是书行文朴素，史料翔实，有理有据，均能发人之所未发，故每读一文，必有所获。在近年来诸多同质出版物中，亦不多见。庚子疫情赋闲家居，翻读有感，闰四月初九晨起日课，梧轩主人朱万章识于柳南小舍之南窗。

钤白文方印"眉山人"。

另有作者签赠："万章先生郢正，万君超，丁酉仲夏海上"，钤朱文长方印"君超持赠"。

（万君超著，杭州：浙江人民美术出版社，2017年4月）

《风雅之好：明代嘉万年间的书画消费》题记

研究历史，不带个人偏见，进入其时情境之中，殊不易。既进入，又不带个人偏见，再出来，告知世人所见所闻，则更不易。上世纪八十年代以来，汉译诸多海外历史名著，受人追捧，即是此理。康宁兄此书，亦有此特点，故甫一付梓，即引人垂注。此书关涉书画之鉴藏、交易、流播，但究其实，仍是一部历史著作，彼时之政治、民生、人文，均蕴含其中。书画鉴藏虽小道，大丈夫不为，然一叶知秋，其间之深意，又非外人可道矣。此书之妙处，或在于此。此书之后，康宁兄专研于近世文献、文物。厚古而不薄今，乃传统学人之守则，叶兄得之也。近年叶兄更创微群，同道中人，坐而论道，月旦之评，古风去来。曩读张葱玉日记，言"同舟诸君俱滔滔述国事，余独不言，非不欲言，实不忍言也"，斯世当以同怀视之。庚子闰四月十三晨起日课，梧轩主人朱万章于西坝河左岸。

钤白文方印"老家眉山"。
另有作者签赠："万章老兄哂正，康宁奉"。

（叶康宁著，北京：商务印书馆，2017年4月）

《历代草书歌诀汇编》题记

此书内容，部分曾连载于香港《大公报》艺林专版，时余因受马公举荐，每月均有谈岭南书画之文刊其上，故与马公时有同框刊文之幸，其时在上世纪九十年代。今马公下世近廿年，其容宛若眼前。近捧读其公子达为兄寄赠之书，似有遥接相契之感。马公乃容庚高足，深研古文字之学，又擅书学及勤于笔耕、临池，故在上世纪七八十年代以来，书界学界无不知其名，深为其学养所钦。然天不假年，生前论著付梓者尠，今幸得其哲嗣奔劳襄助，多种著作相继梓行。此乃马公有后福，亦吾辈之幸矣。庚子九月十六日夜于京城东垣，时整理书跋题记多则，又甫接达为兄由香港辗转邮寄之书，颇有感触，遂援笔书数语于扉页,以寄追想云,眉山后学朱万章拜识。

钤朱文方印"聚梧轩主"和白文方印"蜀粤两宜"。

另有马达为签赠:"先父遗著,万章先生存,庚子霜降,达为敬赠",钤朱文圆印"马"和白文方印"达为"。

(马国权编著,北京:北京出版社,2017年5月)

《石涛诗文集》题记

一、朱万章,二〇一八年出版社寄赠,二〇一九年六月十二日补记。

二、是书于汪世清之外,颇多新见。作者在美学研究之余,于文献学、史学方面尤见功力,此书或可略窥一斑。梧轩主人补记于庚子三月十一日,时在西坝河左岸。

三、书中释读石涛题字,偶有误读处,本为常事,然有浙江某氏大为苛责,是乃蚍蜉之举。家良志强项不在此,释读有误,在所难免,然其于钩稽石涛文献,考订之详,用力之深,环顾海宇,尚无出其右者。庚子九月初九日补记于来福有邻楼,眉山后学朱万章。

钤白文方印"万章"、朱文方印"朱万章"和朱文长方印"我用我法"。

(朱良志辑注,北京:北京大学出版社,2017年6月)

《石涛研究》题记

一、朱万章，二〇一八年出版社寄赠，二〇一九年六月十二日补记。

二、石涛生逢乱世，此不幸矣。三百年后遇同宗良志，则又幸甚。庚子三月十一日晨起再记，梧轩主人于柳南小舍。

三、近日与家良志雅聚于北大博雅酒店，氏畅言，若所著文未能广播于读者中，其著述多筹资梓行，书则仅限于朋友圈中散发，其行无异于造文化垃圾。诚哉斯言，于我心有灵犀焉。今观朱氏论述，多深入浅出，寓奥旨于简言中，故能广种心田，远播海宇，诚吾辈之津梁。庚子重阳补记于西坝河左岸。

钤白文方印"朱万章书画记""老家眉山""只取一瓢饮"和朱文方印"朱万章"。

（朱良志著，北京：北京大学出版社，2017年6月）

《传世石涛款作品真伪考》题记

一、朱万章，二〇一八年出版社寄赠，二〇一九年六月十二日补记。

二、良志先生不愧为石涛隔代知己，庚子三月十一日晨起，梧轩主人再记于柳南。

三、书画鉴定之难，难在博洽诸画，再比对鉴别。古书画鉴定中，石涛尤为难点。不仅时人多作伪，今人如张大千等亦伪其画,惟妙惟肖,几可乱真。故在明清诸家中,石涛作品为争议最大者。此书不畏险途,迎刃而上,考证有理有据,殊为可贵。庚子九月初九夜于京城东垣。

钤白文方印"万章""老家眉山",朱文方印"朱万章"和朱文长方印"味象"。

（朱良志著,北京:北京大学出版社,2017年6月）

《心自闲室文录：序跋合编》题记

常听友人说此公性狷介,然读其文,则未有此感。喜其文风,平铺淡泊,并无波澜之语,其不温不火,或正是其魅力所在。庚子四月初八晨起日课识于来福有邻楼南窗,梧轩主人朱万章。

钤白文方印"朱万章书画记"。

（止庵著,深圳:海天出版社,2017年7月）

《古今同观》题记

一、朱万章,二〇一七年九月十九日出版社寄赠。

二、因书而识其人,为人谦和且狷介,字如其人,文如其字,心淡而笔健,不落俗,不附势,乃浮生中另类,诚可珍矣。庚子四月初十补记于柳南小舍,梧轩主人朱万章。

钤白文方印"蜀人朱万章"和朱文方印"朱万章"。

（刘涛著，广州：广东人民出版社，2017年8月）

《艺林烟云》题记

此书三年前得之于出版社李怀宇寄赠。吟方兄擅记录艺林交往趣事，前有《雀巢语屑》，已蜚声学林，颇有《世说新语》之风。承蒙错爱，书中亦言及余画葫芦事，且述及青岛薛葫芦，由此而识薛君。他若《尺素趣》，亦记录艺林往事，但以信札入径。吟方文笔平淡畅达，不温不火，如邻家老头瓜棚架下摆龙门阵，属典型的"轻阅读"，亦可称"轻学术"。环视艺林学界，似不多见。庚子重阳后一日梧轩主人朱万章识于柳南小舍。

钤朱文方印"粤燕两居人"。

（唐吟方著，广州：广东人民出版社，2017年8月）

《任伯年年谱》题记

一、近来因写任伯年画许子振像而购此书，然书中并无涉许氏事，可见搜集资料未可称全面。但任氏年谱，仅此一例，丁氏早年于其用力甚多，专研尤勤，其筚路蓝缕之功，当不可没。庚子四月初六日晨起日课，梧轩主人朱万章识于柳南小舍之南窗。

二、受江西美术出版社之约，参与主编"任伯年全集",具体负责"鉴藏卷",遂再检读此书,益觉其首创之功,实属不易,而此年谱当祈后来者再钩沉,亟需成一年谱长编。诚如是,则于任伯年研究,功在当代,利在千秋。庚子九月初九日补记于梧轩,时天色渐暗,万家灯火甫起。

钤朱文方印"万章印信"和白文方印"眉山人"。

(丁羲元著,天津:天津人民美术出版社,2018年1月)

《坊间艺影》题记

一、朱万章,二〇一七年九月廿九日出版社寄赠。

二、此君不熟,然近年论著迭出,可藏可读。吴门一地,自古多才人,王氏即其一例。此书以街坊闲聊式述及艺事,可亲可敬,亦可堪回味。庚子四月廿三日晨起检读,有感于此,梧轩主人朱万章补记于来福有邻楼南窗。

钤朱文方印"梧轩主人朱万章"和"朱万章"。

(王稼句著,广州:广东人民出版社,2017年8月)

《书贩笑忘录》题记

大约在两年前,曾于商务印书馆购得此书,后一朋友又赠此书,余遂将己购之书馈友,而留友赠之书,于此或可见此书之受人青睐。书中诸文,均细读一过,情文并茂,有温度,亦有深度。书中所言书贩,惟胡同君相熟。年初梓行《画外乾坤》,其购得百本,余赴其高碑店书肆中签名。后微信往来,并不仅限于点赞之交。后其在东四创布衣古书局,因疫情及忙于冗务,尚未登门造访,然其于古旧书之经营周旋,堪称业界翘楚。书中所记胡同君,多为数年前剪影。今日胡同,又焕然一新貌,二者不可同日而语。庚子九月初九日,梧轩主人朱万章于西坝河左岸。

钤朱文长方印"寓京之后"和白文方印"万章经眼"。

(陈晓维著,北京:中华书局,2018年4月)

《唐云传》题记

因关注葫芦画,继而关注此书。曩年于荣宝斋画谱见唐氏葫芦,惜未再见,今获此,得观其葫芦画,如见故人。二〇二〇年世界读书日,梧轩主人朱万章并识于京。

钤白文方印"朱万章书画记"。

(郑重著,上海:东方出版中心,2018年5月)

《先生归来:新文人画传》题记

嬉笑闲谈,皆成文章。张演钦、郝婧羽伉俪著述之新世说小文,先是在微信朋友圈中传播。某次我转发其公号"不多不少"之文，得京友潘二如垂注，潘又转，遂引发中信出版编辑青睐。经潘撮合，出版社与作者达成合作意向，因而便有了此书，亦算是一段文脉因缘。书中之文，有亲历，亦有耳闻；有转录，亦有考订。因其多涉时下文坛、画苑名流，故书甫一推出，即引发共鸣。再者，此书文风简约而富意味，符合当下快餐式阅读趣好。又因现代物欲横流，古风渐远，而先生归来，古风去来，似有触动旧时月色之情愫，故非但文人骚客激赏点赞，时尚之善男信女亦青眼有加。书中与余相关者数条，其中言及与陈迹诸友赴粤东事，非啖荔枝，乃食杨梅耳。然事实是，吃什么并不重要。此书遗憾之处，在于索引阙如，因而检索不便，只能闲读闲掷，闲掷闲读，不利查阅时流俊彦也。他日若再版，或可补之。庚子芒种后二日，眉山学人漫记。

钤白文方印"朱万章寓京之后所作"。

另有作者签赠："感谢朱万章先生为本书出版所作的一切！张演钦、郝婧羽，2018"。

（张演钦、郝婧羽著，北京：中信出版集团，2018年5月）

《黄裳致李辉信札》题记

此书以影印而出信札及书跋，确实于研究黄裳提供了丰富资料，然将信札名为"手记"，却让人费解。梧轩主人朱万章购自当当网并记于西坝河左岸,时庚子三月十二。

钤朱文方印"朱万章"。

(李辉编著,杭州:浙江人民美术出版社,2018年7月)

《方壶楼序跋》题记

此乃打印校对本。承蒙薛师降尊,慨然应允以序跋诸文入编丛书,幸莫大焉。其间校雠往还,历经寒暑,于戊戌仲夏付梓。书中诸文,嘉惠后学尤多,是乃甫一问世,赞誉之辞不绝,此乃吾辈之幸,亦乃学界之幸矣。庚子四月初九于柳南小舍之南窗,梧轩主人朱万章补记。

钤朱文方印"万章印信"。

(薛永年著,北京:北京联合出版公司,2018年8月)

《江洲艺话》题记

作者笔耕不辍,数十年如一日,鼎盛时一日一篇,时人莫及。以撰文之量而论,能望其项背者,尚未之闻。此书精选之文,多涉时评、画史,初见诸报刊及公众号,付梓时题目略有所易,然内容及文风未变。履生先生为人直爽,爱憎分明,此书文如其人,读者诸君,或可一窥其文与人矣。时下衮衮诸公,或钻营于官场,或汲汲于利场,唯履生等师辈，迥别于时流，看官于此书或可得之。庚子闰四月初八夜于西坝河左岸，眉山后学朱万章识。

钤朱文长方印"寓京之后"。

另有作者签赠："万章兄正，履生，二〇一八年八月。此书出版，万章兄出力最多"。

（陈履生著，北京：北京联合出版公司，2018年8月）

《多少往事堪重数》题记

初识登山，误以为只是出版商。昨日应孔网之约赴杂书馆签名，于书库中获赠此书，始知其乃文史作家。夜深捧读，觉其文笔隽永，娓娓道来，还原历史情境，诚掌故与美文兼具矣。杂书馆签名，不虚此行。庚子四月十八日晨起补记，梧轩主人朱万章于西坝河左岸。

钤白文方印"朱万章书画记"。

（蔡登山著，北京：北京出版社，2018年8月）

《我的老虎尾巴书房》题记

一、因当当网做促销，买一百送五十，遂购得此书。之前买过谢氏多种，装帧均属一流，惟此书封面设计稍逊，但手感颇佳。梧轩主人朱万章漫记于西坝河左岸，时庚子三月，疫情未靖，居家办公中。

二、半年后再读此书，觉其封面尚可，愈来愈喜欢，颇有年代感。是我审美迁想妙得，抑或时空转换所致？呵呵！庚子重阳节补记于柳南小舍，时窗外天朗气清，秋色无边。

钤朱白文连珠印"朱氏""万章"和白文长方印"画里晴川"。

（谢其章著，上海：上海交通大学出版社，2018年9月）

《高尚的快乐》题记

多年前在港获知其名，但并无交集。近年购其书渐多，已有神交，乃港人中另类，殊可异矣。庚子谷雨夜深，时窗外春雷阵阵，微雨茫茫，梧轩主人朱万章于柳南小舍。

钤白文方印"朱万章画印"。

（郑培凯著，杭州：浙江大学出版社，2019年3月）

《容庚北平日记》题记

一、朱万章，二〇一九年七月一日北京DDW。

二、此书于民国时期京城艺市、艺事及学界故实多有记述。余写容与叶遐庵信札文，多所取益。近欲撰张大千与黄宾虹文，亦同获矣。庚子四月初四补记于柳南小舍，梧轩主人时年五十有四。

钤白文方印"朱万章书画记"和朱文长方印"我用我法"。

（容庚著，夏和顺整理，北京：中华书局，2019年5月）

《谁共我醉明月》题记

郑氏诸文，游离于文学与史学之间，亦可见其学养与文采并举矣，此书尤甚。庚子春抄于福有邻楼南窗，朱万章并记。

钤朱万章"万章印信"。

（郑培凯著，杭州：浙江大学出版社，2019年5月）

《尺素清芬：百年画苑书札丛考》题记

一、此书初印版有两页错谬，庚子新正重印时已改订。此书亦乃诸书中首次重印者，当可一记，以志庆贺。二〇二〇年四月十一日午后，梧轩主人朱万章于柳南小舍，时疫氛未靖春暖花开也。

二、在自查自纠两页错谬之外，出版社再复检，又有数处释读之误，可谓赧然之至。今拟出续集，当以此为戒。尺牍之书，往往不拘一格，非其正式书迹可比，是可见其真性情，故须联系上下文，或入其语境，方能洞悉其句读笔画，而不至于为方家所笑话矣。此书关涉今人较多，且多直接或间接与我交往者，尚且如此，何况前代之书？庚子芒种后一日凌晨补记，时疫情渐消，正式复工也。

钤朱白文连珠印"朱氏""万章"和白文方印"老家眉山"。

（朱万章著，桂林：广西师范大学出版社，2019年5月）

《榆下夕拾》题记

一、朱万章，二〇二〇年四月九日于京华，购自当当网。

二、此书信札部分尤可取，然释读偶有疏漏，已在书中注明，梧轩主人补记于柳南小舍。

钤白文方印"万章"和朱文方印"朱万章"。

（黄裳著，凌济编，济南：齐鲁书社，2019年6月）

《年方六千：文物的故事》题记

收到此书不久的一天中午，孙机先生在国博饭堂对我说："最近有本很火的书，叫《年方六千》，我也可以说，年方九十。"我们都被孙先生特有的幽默逗乐了。作为一个远离微信等现代传媒的传统学者，孙先生对此书如此快捷地有所了解,足见其传播与影响之广。此书甫出,即引起广泛关注。拿郑岩兄的话说,实则就是一次亲子活动。但在我看来,却正是他所说的以非学术的形式寻找一种更自由的表达方式,吸引了业内外的读者。看似冷寂深奥的文物,以图绘与直观的语言重新解读,所取得的效果远远要优于纯学术的表达。在读图与文化快餐的时代,此举尤为重要,何况还有大咖如郑岩兄的直接参与。庚子疫情期间翻读有感,闰四月初八夜于西坝河左岸,梧轩主人朱万章识。

钤朱文方印"种葫得福"。

另有作者签赠:"万章先生一粲,郑岩、郑琹语,二〇一九年七月"。

(郑岩著,郑琹语绘,北京:中信出版集团,2019年6月)

《榆下说书》题记

一、因藏来燕榭书札数通,遂购此书,然于书札无补,却又得黄氏深奥矣。读黄裳书,愈久而弥香,须日积而月累,缓缓深味其甘苦也。庚子三月于柳南,梧轩主人朱万章。

二、前日与北京出版社王忠波兄言及编一本拙书《嘉瓠楼书话》事,其言拟收入"大家书话"系列中。今日翻书,竟得此系列之一种。当日购此书时并不知矣。看来冥冥中还是与此书系有缘。庚子霜降后一日，眉山后学朱万章补记于西坝河左岸。

钤白文长方印"朱万章鉴赏书画记"和朱文方印"万章五十以后作"。

（黄裳著，北京：文津出版社，2019年7月）

《文本与阐释》题记

因欲读夏志清写端木一文，遂于当当网购得此书。此乃购藏之夏氏第三本。忆昔当年购首本，倏忽已有近十五年，令人唏嘘。二〇二〇年世界读书日，朱万章于京华。

钤白文长方印"朱万章鉴赏书画记"和朱文方印"朱万章"。

（夏志清著，石晓林等译，南京：译林出版社，2019年7月）

《著砚楼清人书札题记笺释》题记

一、朱万章，二〇一九年十二月八日北京，商务印书馆。

二、考订信札殊不易，尤其厘清致信、受信双方之语境更不易，甚或双方皆著字号别名者，连姓氏名字都难辨鲁鱼，因而一封信极易成孤例。年代越远，此情愈甚。

甫阅此书，深感于韦力先生用力之深，考释之详。究其缘由，固然有前贤如潘景郑、郑逸梅者疏证之功，然与韦氏之学力与精研不可分割。韦氏所言郑氏"老来尚有如此清友翰墨往来"，近写郑氏与杨仁恺信札文，深有同感。郑氏喜藏尺牍，从一而终，至老弥笃，渐臻化境，乃旧式文人之典范，亦乃后学如吾辈者之楷式。闰四月初九夜翻阅此书有感，是日经李世文兄引介于微信中与韦力结为好友，夜深遂再检读其书，梧轩主人朱万章于京城之西坝河左岸，时雷雨初霁，疫情未靖。

钤白文方印"老家眉山"和朱文长方印"庚子"。

（韦力笺释，北京：中华书局，2019年8月）

《画家物语》题记

薛原兄亦擅画葫芦，与余同好。余尚未与其谋面，经沪上杨柏伟兄绍介成微信好友，京城唐吟方兄及海上顾村言兄每言之，故神交最久。之前已获赠其《文人谈》，今再获此书。两书一谈文人，一谈画人，甚而二者皆有者如齐白石、傅抱石、周昌谷是也。薛君以传媒人而专研于文史画论，未逊于专业人士。其文简约、朴实，史论翔实，诚非学者专家所比拟。书中论黄宾虹一文，颇多新意。黄氏于故宫书画颇不看好，我向来怀疑其鉴定眼光，后阅其所藏书画，均良莠不齐。今读此文，信吴氏之言矣。然即便如此，却无损于画学成就。书中诸文，多有新意，每读一过,必有多得。环视同侪,似不多睹。庚子闰四月初八晨起即就,梧轩主人朱万章识于京城之西坝河左岸。

钤白文方印"眉山人"。

另有作者签赠:"朱万章兄赐正,薛原,2019.9于青岛"。

(薛原著,北京:金城出版社,2019年10月)

《山谷鸣应:中国山水画和观众的历史》题记

出版社王剑寄来样书,拟出版拙著,依葫芦画样矣。此书乃吾等心摹手追之著,梧轩主人跋于柳南小舍,时庚子大疫,宅家日久。

此书与台版《从风格到画意》《移动的桃花源》《风格与世变》并无重合之处,殊为难得。四月十一日晨起朱万章补记。

钤白文方印"朱万章印""老家眉山"和朱文方印"朱万章"。

(石守谦著,上海:上海书画出版社,2019年11月)

《春明谈往》题记

喜读谢氏之书,乃因文笔畅快,情感真挚,一气呵成。近日网上图书促销,遂得此书。初览一过,诚不欺我矣。庚子初六日晨起日课,眉山学人朱万章并识于来福有邻楼。

钤朱文方印"万章印信"。

(谢其章著,北京:新星出版社,2019年11月)

《爱书来:扬之水存谷林信札》题记

两位主人公,一为我的前同事,一为我的现同事的弟子。前者未曾谋面,但久仰之,且常读其书;后者常晤谈,相契日久,常有新书相赠。今得其书,亦算有缘。庚子谷雨后一日,梧轩主人朱万章于西坝河左岸之南窗。

钤白文方印"朱万章画印"。

(谷林著,樱宁编,上海:上海译文出版社,2020年1月)

《近代印坛点将录》题记

作者以精研中医而旁涉金石碑学,成功使中医成为兼擅。是书考据翔实,论点别开生面,非专业治学者所能仿佛。庚子疫情期间得自樊祎雯,其时"画外乾坤"甫出,以之回赠。四月廿三日,梧轩主人朱万章补记于西坝河左岸。

钤朱文方印"万章四十以后作"。

(王家葵著,成都:四川文艺出版社,2020年1月)

《我从来不感到孤独》题记

盖因拙藏张兆和致苏晨信札一通,遂再次关注张氏。庚子谷雨购于当当网,时春和景明柳絮飞扬,正是读书好时节。眉山后学朱万章于西坝河左岸。

钤白文方印"蜀人朱万章"和朱文方印"万章印信"。

(张兆和著,成都:天地出版社,2020年2月)

《徐邦达讲书画鉴定》题记

此乃薛师整理之口述论学稿。遥想当年,薛师记录之张葱玉《怎样鉴定书画》,功在学界,利在千秋。此书或可与其后先辉映矣。此书出,薛师嘱出版社寄赠,并以微信发来勘误,言疫情后当补签名云。庚子四月廿三日,眉山后学朱万章于柳南。

钤朱文方印"朱万章"。

(徐邦达口述,薛永年整理,上海:上海书画出版社,2020年3月)

《简又文回忆录》题记

因简氏哲嗣幼文举荐,蔡登山约稿谈简氏与广东金石书画,继而获此书。虽此书于我兴趣不大,但对了解秀威出版及简氏学术不无裨益，因对其出版信心不足，故未能奉书稿，今得此书，即邮奉《画里晴川》。庚子四月廿二日朱万章记。

钤白文方印"蜀人朱万章"。

（简又文原著，蔡登山主编，台北：新锐文创，2020年3月）

《简又文谈艺录》题记

应蔡先生之约为此书作序，交稿后两月即收到此书，也算是神速了。关于简又文谈艺之文，向来比较分散。之前撰文，多参照其《广东书画鉴藏记》诸文，然搜罗维艰，今裒辑一册，实乃功德无量。此书乃于台岛付梓，流播有限，祈望他日大陆地区亦能付诸梨枣，则受益者众。简氏于乡邦文化关注尤多，此乃粤人之风尚，他处不及矣，亦可谓明清以降始开埠，囿于所见之一由也，是乃他处又不及矣。庚子闰四月眉山后学朱万章于柳南小舍之南窗，时初六夜，月未明，星已稀。

钤朱文方印"梧轩"。

（简又文原著，蔡登山主编，台北：新锐文创，2020年4月）

《古有意》题记

此前已购其《古艳遇》，颇有看头。今获赠此书，此乃双"古"，亦可并称双美，然书名加引号，亘古未见。询诸作者，始知乃设计者创意，非其本意也，吾心稍慰。得书当晚，读后记及徐森玉诸篇，均有所得。他文专注于古籍多矣。近年醉心古籍而为人垂注者，韦力、沈津者也，向春兄或可并列。两书得名，皆有深意，又堪回味，是乃关乎涵养与学识。此套丛书，曩年购过多种，印刷装帧俱粗糙，近两辑以来，内容设计俱佳，是乃一大进步。庚子闰四月初六于西坝河左岸，梧轩主人朱万章识。

钤朱文长方印"寓京以后"。

另有作者签赠："万章教授存正，向春，2020.05.26"。

（柳向春著，桂林：广西师范大学出版社，2020年4月）

《蓬莱松风：黄易与乾嘉金石学》题记

作者用笔健，用力深，其用功亦勤。之前已获赠其《真水无香》及《新出明代文人印章辑存与研究》，均于文献梳理与博洽卓识方面见其深，非时下浮躁学风之可比拟。在其同辈中，鲜出其右者。此书关注之话题，亦吾所喜。曩年余曾撰《黄易小像补证》，于黄氏垂注尤多。今读此书，有如见故人之感。然此书印章制版欠佳，有碍观瞻。此乃出版社专研于文字校雠而拙于图版编辑也，甚憾甚憾！即便如此，仍无损于此书之良感。朱琪青年俊彦，来日可期。庚子闰四月初八晨起，梧轩主人朱万章于柳南小舍之南窗。

钤白文方印"眉山人"。

另有作者签赠："朱万章先生郢政，庚子夏朱琪敬奉"，钤白文方印"朱琪"。

（朱琪著，上海：上海古籍出版社，2020年5月）

《迤逦集》题记

初识卫东兄，是在戊戌初秋，经广州文珍绍介于朝内小街之徽州故里，时谢其章亦在座。此前已读其《猎书的踪迹》，与余《梧轩艺谈录》为同一丛书，均为文珍所编。今读此书，亦知其秉承一贯文风，以藏书、购书、研书为主题，与余之藏画、鉴画似有异曲同工之处。近年来，除美术史论著外，多垂注于藏书家著作，若韦力、谢其章、俞晓群、止庵……诸公，尽在拜阅之中。此书文笔，轻松愉快，正所谓"轻学术"是也，读之身心愉悦。庚子九月十六日夜于柳南小舍，梧轩主人朱万章。

钤白文方印"万章经眼"和朱文方印"粤燕两居人"。

另有作者签赠："万章先生教正，老柯庚子秋"，钤朱文方印"柯"。

（柯卫东著，杭州：浙江大学出版社，2020年6月）

《画外乾坤：明清以来书画鉴藏琐记》题记

此毛边本印一百七十册，孔网订一百又五十，余订二十。庚子五一前得书，先睹为快。然甫一翻书，即发现"曾熙独爱石溪"篇目中漏"溪"字，不免有缺珠之憾。自入大学以来，即向往在三联出书，今竟成现实，故有得偿夙愿之喜。一憾一喜，算是平衡了，当以平淡待之，惟在校雠之时，不可轻心矣。书稿乃丁酉岁中交付，历时三载，亦可谓好事多磨，贾宝兰、唐明星两女史出力尤多。庚子四月初九日，梧轩主人朱万章于京城东垣之西坝河左岸。

钤白文方印"万章"和朱文方印"朱万章"。

（朱万章著，北京：生活·读书·新知三联书店，2020年6月）

《汪世清辑录明清珍稀艺术史料汇编》题记

白谦慎先生委托出版社寄赠一套。余与汪先生虽未谋面，但廿余年前因香港友人李志纲撰写博士论文，涉及程邃，问学于汪，遂相识，因而得知其名。后余于香港《大公报》艺林版开专栏，每月一期刊发岭南艺文一篇，几乎每期都能见汪氏艺苑疑年考证短文。幸与汪氏同版刊文，收到样报后，遂将其文剪下搜集，凡十余载，竟有一厚本。现在想来，当初追读汪文之期盼与兴奋，仍然记忆犹新，回味无穷。今得厚贶，服膺于汪先生以理工男而醉心于书画文献，勾稽索隐，有功于学界多矣。汪氏治学，发掘稀见史料，言他人之所未言，所写诸文，小中现大，厘清晚明清初画家生平疑年，实乃厥功至伟。书中所辑清初金陵、新安诸家诗文，均为初见，故甫一翻阅，难掩惊喜与惊叹之情。论者谓其有乾嘉考据之遗风，得之矣。庚子立冬日得快递送至寒舍，急不可耐浏览一过，并发朋友圈，称其功在当下，利在千秋，点赞者云集。眉山后学朱万章于京城东垣之嘉瓠楼。

钤朱文方印"梧轩主人朱万章"。

（汪世清辑录，白谦慎、薛龙春、张义勇等整理，上海：上海古籍出版社，2020年9月）

《西樵小札》题记

慢工出细活，对于出书来说亦如此。但当谷卿兄最早收到此样书并发来图版时，此理似乎受到挑战，我们都同时惊呆：书脊处"西樵"竟成了"西憔"，完全与书名主旨不符。我赶紧告知出版方，对方亦惊诧莫名，再速度告知梁江老师，梁老师亦愕然："憔悴之义无法通假樵，错得可惜。"后与主事者沈山沟通，提出三种解决方案：一为换封面；一为加书衣；一为全部重印。反复权衡利弊之后，主事者最终选择重印。好事多磨，一波三折，亦总算完满解决，只是于环保不利，也是不得已而为之了。所幸当晚即收到主事者寄来的样书两册，摩挲之下，发现除书脊外，他处并无瑕疵。或因此误，此书或堪比错版邮票或钱币，他日可待价而沽，珍若拱璧。以书系体例，此书多为随笔短文，以见其学术外之逸趣。再细阅此书，可知由序跋、言论、随感三编而成。此类小文，多散见于他书，今日合睹，实属不易。序跋一编，拙书《岭南近代画史丛稿》及《传统·革新·融合：东莞美术论稿》多有赖其赐序揄扬，独不见其收入书中，或可见其所选序跋，实非求全。或他书亦如此，则未可知，以俟将来有心之人考订求索。庚子腊月初三眉山后学朱万章拜读并记于京城之西坝河左岸。

钤朱文方印"梧轩"及白文方印"葫芦虽小藏天地"。

（梁江著，北京：北京联合出版公司，2020年12月）

附录：朱万章论著目录

1.《岭南金石书法论丛》，文化艺术出版社2001年4月出版
2.《陈师曾》，河北教育出版社2003年8月出版
3.《六朋画事》，文物出版社2003年12月出版
4.《岭南书法》，广东人民出版社，2004年12月出版
5.《粤画访古》，文物出版社2005年5月出版
6.《担当》，河北教育出版社2006年9月出版
7.《石溪》，河北教育出版社2006年9月出版
8.《广东绘画》，广东人民出版社2007年5月出版
9.《居巢居廉研究》，岭南美术出版社2007年10月出版
10.《书画的鉴藏与市场》，山东美术出版社2008年1月出版
11.《岭南近代画史丛稿》，广东教育出版社2008年1月出版
12.《明清广东画史研究》，岭南美术出版社，2010年6月出版
13.《居巢居廉》，广东人民出版社，2010年11月出版

14.《苏六朋》,广东人民出版社2010年8月出版

15.《颜宗》,岭南美术出版社2011年6月出版

16.《书画鉴考与美术史研究》,文物出版社2011年11月出版

17.《传统·革新·融合:东莞美术论稿》,岭南美术出版社2014年8月出版

18.《销夏与清玩:以书画鉴藏史为中心》,浙江大学出版社2014年10月出版

19.《对花写照:居巢居廉画艺》(修订本),广东人民出版社2016年9月出版

20.《书画鉴真与辨伪》,浙江大学出版社2016年9月出版

21.《画林新语》,上海书店出版社2017年1月出版

22.《画里晴川》,广西师范大学出版社2017年8月出版

23.《鉴画积微录》,浙江大学出版社2017年12月出版

24.《梧轩艺谈录》,花城出版社2018年1月出版

25.《画余味象》,北岳文艺出版社2018年7月出版

26.《画前月下》,上海书店出版社2018年8月出版

27.《明清书画谈丛》,北京联合出版公司2019年1月出版

28.《尺素清芬:百年画苑书札丛考》,广西师范大学出版社2019年5月出版

29.《过眼与印记:宋元以来书画鉴藏考》,北京大学出版社2019年8月出版

30.《鉴画积微录续编》,浙江大学出版社2019年9月

出版

31.《画里相逢：百年艺事新见录》，人民美术出版社2020年2月出版

32.《画外乾坤：明清以来书画鉴藏琐记》，生活·读书·新知三联书店2020年6月出版

33.《此中有真意：葫芦在中国画中的嬗变》，广东人民出版社2020年8月出版

34.《中国书画鉴赏》，上海人民美术出版社2020年11月出版

35.《画中有你：中国画里的十二生肖》，中国青年出版社2021年1月出版

36.《嘉瓠集·近代画苑馨香录》，浙江人民美术出版社2021年1月出版

注：以上资料截止到2021年1月

后　记

以往出的书,多谈书画鉴藏或美术史研究,而本书却专门谈读书。因喜欢元人范梈的"嘉瓠吾所爱,孤高更可人"句,再加上素与葫芦有缘,喜欢搜集葫芦,亦耽于画葫芦,遂将新居暂名"嘉瓠楼",此书也就顺理成章起名为《嘉瓠楼书话》了。

按照内容,本书分为四卷,分别为读书札记、自著序跋、梧轩题画录和梧轩书籍题记。"读书札记"又分为两类,一类为谈人与书,涉及饶宗颐、薄松年、杨新、薛永年、白谦慎和陈履生诸家,从人谈到书,或由书而论及人;一类为他人所著书而写的序跋,因每本书,我均系最早的读者,故虽为序跋,实则是初读之后的有感而发,故列入"札记"。"自著序跋"记录了从二〇〇一年出版第一本书(《岭南金石书法论丛》),到今年最新的一本(《此中有真意:葫芦在中国画中的嬗变》)的著述历程。虽然并非涵括所有论著,但大抵可看出不同时期治学与为文的秘辛与乐趣。每一本书的撰写与付之梨枣,总有很多不期而遇的翰墨因缘。在序跋中,或可略窥端倪。

写题画录和书籍题记,是我一时兴趣使然,但却总是此一时彼一时，全由兴之所至，挥翰淋漓，兴尽而罢。题画录多成于二〇一四至二〇一六年间，而书籍题记除一九八六和一九八九年所写的两则外，其余多集中于二〇一九至二〇二〇年间。这断断续续的光景，正是本人寓京之后的最初几年。

题画录的形成，往往随感而发，睹物起意，望峰息心，因而所写之地点或在高铁，或在万里云端，或在书斋，或在客舍，甚至于会议间歇，或茶舍咖厅，于纸片中一挥而就，不拘一格。待写成后，录入电脑，染翰之时，便抄录于画幅，故此三年，亦是创作绘画较为丰赡的时期。与此相反的是，书籍题记悉成于书斋，看书之时，随心所欲，于书籍扉页或末页任意题写。写成之后，再录入电脑。题画录与题记形成的时序不同，但其本质却是相似的：都是真实记录了一段时间的所观、所读与所想。有趣的是，题画录与题记的时间完全没有重合。题画录和题记间隔了三年，显示出彼时以不同的载体记录心绪的真实状态。至于为何会出现如此泾渭分明的记述方式，连我自己都感到讶异。在书写题画录的三年，是断没有想法写题记的；而在书题记的两年，也没有任何兴趣写题画录。这确是一个耐人寻味的兴趣点位移。

书籍题记的书写，也是一个饶有兴味的话题。有很多书，看过很多次，每次都会有新的收获，但却没有兴致写题记。而有一些书，有的甚至刚刚获得，随意一翻，便文思泉涌，洋洋洒洒数百言立就。当然，更多的题记还是在精读之后的感悟，有一些则是转瞬即逝的灵光闪现。在这些题记中，可看出近三十多年来的阅读趣好与视野，亦承载着伴我成长的一段读书印记。

就题画录而言，多记录行迹与观感，故侧重于"事"；书籍题记，由书而及作者，故多集中在"人"。前者是动态，后者是静态。一动一静之间，正是我在书画鉴定与美术史研究之余的写意时光。因此，这些余事性的文字记录，或可更能反映某种生存状态与演变轨迹。

本书的玉成，离不开孙田的引见和出版社王忠波、孔伊南的策划与辛勤劳作，孙机先生应允题笺，藏书家韦力先生赐序，出版家、作家俞晓群先生赐下推荐语，在此，不胜感佩。

朱万章
二〇二〇年六月初稿于西坝河左岸
二〇二〇年十二月增订于柳南小舍